日本の使命

「正義」を世界に発信できる国家へ

大川隆法
RYUHO OKAWA

まえがき

香港《ホンコン》の百万人デモ、緊迫《きんぱく》するイラン情勢を背景に、地球全体に責任を持つ者として、参考意見と、自分の考えを述べた。

信仰薄《うす》き者たちが数を争う地上的ゲームに、これ以上かまっている時間はなかろう。

「日本の使命」――それは、東洋の盟主《めいしゅ》としての自己顕現《じこけんげん》であろう。

私たちには、やるべきことがある。知るべき智慧《ちえ》がある。命を賭《と》すべき仕事がある。

二〇一九年　六月十六日

幸福《こうふく》の科学《かがく》グループ創始者兼総裁《そうししゃけんそうさい》

幸福実現党創立者兼総裁《こうふくじつげんとうそうりつしゃけんそうさい》　大川隆法《おおかわりゅうほう》

日本の使命　目次

第一部　されど不惜身命《ふしゃくしんみょう》！

──日本は紛争《ふんそう》解決のリーダーとなれ

二〇一九年六月十四日　説法《せっぽう》
大阪《おおさか》府・グランキューブ大阪にて

第二部　日本が対処すべき国際問題の主役たちの霊言《れいげん》

——アグネス・チョウ、ロウハニ大統領、ハメネイ師 守護霊の霊言

第1章　アグネス・チョウ守護霊の霊言

二〇一九年六月十三日　収録
幸福の科学 特別説法堂にて

1　二十二歳《さい》の女性活動家が日本に協力を呼び掛《か》けている

2 香港の〝火事〟がいずれ日本に　78

3 〝民主の女神《めがみ》〟の思想・信条 108

第2章 ロウハニ大統領守護霊の霊言

二〇一九年六月十三日 収録
大阪府にて

3

「神の意志」と「アメリカの狙い」 147

4　日本とイスラム教国との霊的なつながり　165

第3章　ハメネイ師守護霊の霊言①

二〇一九年六月十三日　収録
大阪府にて

4

第4章　ハメネイ師守護霊の霊言②

二〇一九年六月十四日　収録
大阪府にて

第一部　されど不惜身命《ふしゃくしんみょう》！

――日本は紛争《ふんそう》解決のリーダーとなれ

二〇一九年六月十四日　説法《せっぽう》

大阪《おおさか》府・グランキューブ大阪にて

1 立党の志《こころざし》、不惜身命《ふしゃくしんみょう》の心

「日本の文化的風土」等は承知《しょうち》の上で

今回の講演の本会場である「グランキューブ大阪《おおさか》」は、九年十カ月ほど前になりますが、幸福実現党が立党した年、二〇〇九年の八月一日に講演をした所であり、そのときのテーマは「志《こころざし》を崩《くず》さない」でした。

十年たちました。志はまだ崩していません（会場拍手《はくしゅ》）。

十年後に、「されど不惜身命《ふしゃくしんみょう》！」という題で話をさせていただきますが、気持ちは前回と一緒《いっしょ》です。

難しいことは重々承知《しょうち》しています。政治の世界では、自民党が公明党と連立し、与党《よとう》となっていますし、今、野党連合が候補者調整をしていて、「（次の国政選挙で与党と野党の）どちらに票を入れるか」という方向に絞《しぼ》られつつあるので、第三極が立ち上がって議席を取るのは、そんなに簡単なことではないと思います。

また、この国の文化的風土として、宗教がバックグラウンドについている政党に対しては、どうしても、「それほど応援《おうえん》したくない」という気持ちがあるように感じられます。もちろん、これも重々承知の上です。

それでも、何も言えないよりはいいと思うのです。

本章講演の本会場となったグランキューブ大阪の当日の様子。

戦前は国家神道《しんとう》による他宗教への弾圧《だんあつ》があった

戦前であれば、国家神道《しんとう》があって、「国家神道は宗教ではない」という建前《たてまえ》の下《もと》に、「言論の自由」「信教の自由」等があったことにはなっているのですけれども、例えばこのようなことがありました。

この地元に近い所にあり、日本神道系の流れを引いている某《ぼう》宗教が、「日本の神様は天照大神《あまてらすおおみかみ》で、天照大神様は太陽神だ。だから、太陽信仰《しんこう》なのだ」というようなことを述べていました。

そうしたら、当時の官憲《かんけん》がやってきて、「日本の神様が太陽だとは、なんということだ。太陽だったら手足がないじゃないか。天照大神に手足がないんだったら、どうして三種の神器《じんぎ》を邇邇芸命《ににぎのみこと》に手渡《てわた》すことができたのか。おかしいじゃないか。だから、おまえたちの宗教は邪教《じゃきょう》だ」と言って弾圧《だんあつ》したのです。

他の宗教のことをあまり言うのは本意ではありませんが、そういうところもありました。こんなことでも、文句《もんく》をつけようと思えば、できないことはないのです。「太陽には手足がないから、三種の神器を渡せるはずがない。だから、邪教だ」という、こんな論理もあるわけです。

それから見れば、先の戦争で敗れはしましたけれども、戦後、「信教の自由」ができ、「言論の自由」が立ち、「表現の自由」が認められてきたことは、喜ぶべきことではあろうと思います。

現代日本で宗教を排除《はいじょ》する三つの力

しかしながら、そうした国家神道的なものが他の宗教を弾圧するのを心配してつくられた政教分離《ぶんり》規定を、「宗教は政治活動をしてはいけない」というように捉《とら》え、中学・高校あたりから、そのように教えている先生がたもいます。そういう風潮はけっこうあったのではないかと思います。

また、マスコミにおいても、大手新聞や大手のテレビ局等では、「宗教は取り扱《あつか》わない」ということが、一つの倫理《りんり》を守るかのように守られていて、残念なことに、「事件でもないかぎり、宗教は報道されない」ということがずっと続いています。

私は、この十年の間に、ときどき、「渋谷《しぶや》の交差点あたりで犬に噛《か》みついてやろうか」と思ったことさえあります（会場笑）。そうすれば事件でしょう。「幸福の科学総裁、犬に噛みつく」ということで、「三面記事」になるかもしれません。「噛みついたまま犬を引きずっていき、〝すき焼き〟にでもしたら、もっと話題になるかもしれない」とも思いますが、おそらく票にはならないでしょう。

宗教の場合、「票にならないかたちでの報道しかありえない」ということになっているわけで、著《いちじる》しく不便です。

さらには、「科学的思考」というものが戦後の学問の基調になってきています。別だった「文部省」と「科学技術庁」とが一つになったのはよいのですが、「科学」のほうが「学問」の上に立ち始めているので、宗教の立場は著しく悪くなっていると思います。

科学的思考とは、「疑い、疑い、疑い続けて、疑えないものは認める」とか、「繰《く》り返し実験して、正しいものは認める」とか、だいたい、こんなことです。しかし、これは両方とも宗教には極《きわ》めて厳しい考え方なのです。

もし、現代の日本の学問を判定する意味での、科学的な考え方を当てはめたなら、「外国では正当に認められていて、さらには政治活動もやっている宗教」のほとんどが、常識的に対象外にされていくだろうと思います。

例えば、キリスト教は、世界で二十億人以上の人口を持っているので、「認められて当然の権利がある」と欧米《おうべい》では思われているでしょうが、日本では、アメリカ等で大ヒットした（キリスト教関係の）映画であっても、渋谷の小さな映画館一館ぐらいにしかかからないことはよくあります。

日本の場合、キリスト教を信じる人は少ないので、キリスト教の全宗派《しゅうは》をかき集めても、小さな映画館一館を埋《う》めるのでも大変なのです。

公称《こうしょう》一千万人の浄土真宗《じょうどしんしゅう》系でも、映画上映は東京で一館

今、当会はアニメ映画や実写映画を製作していますが、浄土真宗《じょうどしんしゅう》系でも、最近、『歎異抄《たんにしょう》』をテーマにしたアニメ映画を製作し、公開しています。

新聞にカラー刷りの全面広告を出していたので、かなりお金がかかっていると思いますし、石坂浩二《いしざかこうじ》さんが声優をやっていますが、その映画は、関東では、東京の新宿で一つ、千葉で一つ、神奈川《かながわ》で一つ、埼玉《さいたま》で一つの映画館でしかかかっていないのです。

浄土真宗系だけでも信者は公称《こうしょう》で一千万人を超《こ》えているはずなのに、東京で一館しか埋められないレベルなのです。広告代を使っているけれども、人は動員できないのです。

おそらく、「お墓《はか》を持っているかどうか」という檀家《だんか》的考え方では一千万人だけれども、「実際に動いてくれ」と言われたら、動かないのでしょう。一千万人がい

ても、動く人はほんの一部なので、映画館一館ぐらいしか埋められないわけです。

キリスト教でも、全宗派を集めても、やはり一館ぐらいなのです。

幸福の科学は、幸いなことに、いろいろな映画を何百館もの映画館で上映できていますし、前作の「僕《ぼく》の彼女は魔法使《まほうつか》い」（製作総指揮・原案　大川隆法／二〇一九年二月公開）は、三カ月のロングランになりました。まことに、ありがたいことです（会場拍手）。

したがって、実働の信者ということで考えると、規模的にはそうとう大きなものです。そうとう大きいと思います。

2 「かくすれば　かくなるものと知りながら」の心

この十年で、日本の常識が世界からずれていることが明らかに

それで、政治のほうにも二〇〇九年に挑戦《ちょうせん》をしたわけですが、ちょうどそのころは、民主党が政権を取る時期であり、さらに、中国が覇権《はけん》を拡大しつつある時期、また、北朝鮮《きたちょうせん》が軍事的に増強しつつある時期だったので、日本の政治の流れは、まったく逆流していたと思います。

当時の民主党の理想、「中国と一緒《いっしょ》になってアジアを平和の海にする」という理想とはまったく正反対の方向に、世界史は展開していると思います。まったく逆で、「平和」の反対の世界、下手《へた》をすれば「血の海」、あるいは「火の海」になる世界が未来に待っていた時期であったので、警告として、幸福実現党を立ち上げたのです。

そんなに簡単に成功するとは、もちろん思ってはおりません。

前回、この会場で話したときには、「二十一世紀中に、総理大臣か大統領を十人は出すぞ」ということを言ったのですが、まだ八十一年ほど残っているので、まだ諦《あきら》めたわけではありません。だんだんに加速度がついて、力を増してくるだろうと思います。

この十年間、私どもが言い続けたことを振《ふ》り返ってみれば、ほとんどが正しいことを言っていたと思います。正しいことを言っている人たちに、政治的な応援《おうえん》がついてこないというのはまことに残念ではありますが、この国を啓蒙《けいもう》する力、あるいは、この国の常識を司《つかさど》っている力が、「世界のトレンドを見抜《みぬ》く力」とは違《ちが》う方向に動いているということだと思うのです。

逆に言えば、みなさまがたは、全世界の人たちとは違った意味での「常識」を持たされているということであり、政治活動をしている人も、そうした「世界のトレンド」、あるいは「日本の未来」ということに関係なく、目先の利益につられて行

●二十一世紀中に……　『大川隆法政治講演集 2009 第4巻 志を崩さない』（幸福実現党刊）参照。

動していることがあまりにも多いということだと思うのです。これは、とてもとても残念なことです。

かくすれば かくなるものと知りながら やむにやまれぬ大和魂《やまとだましい》（吉田松陰《よしだしょういん》）

「かくすれば かくなるものと知りながら やむにやまれぬ大和魂《やまとだましい》」という吉田松《よしだしょう》陰《いん》の歌があります。これは、今、当会の東京正心館《しょうしんかん》がある高輪《たかなわ》の泉岳寺《せんがくじ》の前を、吉田松陰が捕《と》らえられて駕籠《かご》に乗せられて運ばれていくときに詠《よ》んだ歌です。

泉岳寺には忠臣蔵《ちゅうしんぐら》の四十七士《しじゅうしちし》が眠《ねむ》っています。四十七士が吉良邸《きらてい》に討《う》ち入って、吉良上野介《こうずけのすけ》の首を討ち取り、そのあと、やんやの喝采《かっさい》を江戸《えど》じゅうで受けましたが、しかし、全員が死ななければならないことは最初から分かっていたことです。事を決した後《のち》、自首して出て、そして全員が切腹《せっぷく》し、泉岳寺に祀《まつ》られています。東京正心館の裏側あたりですが、そこに祀られています。

全員が、非常に整然とした討ち入りをして、主《あるじ》の不名誉《ふめいよ》を晴らし、見事、武士道の見本を見せたわけですが、そのあとに来るものは、勝利の凱歌《がいか》ではなく、四十七士全員の割腹《かっぷく》が待っていたのです。

それでも、「かくすれば　かくなるものと知りながら　やむにやまれぬ大和魂」で、やらずにはおれないということです。赤穂《あこう》の自分たちの主（浅野内匠頭《あさのたくみのかみ》）は、無実の罪でお家取り潰《つぶ》しにされたわけです。大石内蔵助《おおいしくらのすけ》以下、三年間地下に潜《もぐ》ってチャンスを待ち、そして、全員が死ぬことを覚悟《かくご》をして討ち入りをし、相手側を倒《たお》したわけです。

武士道の最後の姿を見せた事件だと思います。

誰《だれ》かがやらねばならないなら、私たちが、まず私が――

幸福実現党を十年ほどやってきましたが、私からも、こういう気持ちがずっと離《はな》れませんでした。傍目《はため》に見て、勝っているように見えたり、ほめられたり、勝利感で高揚《こうよう》したりするようなことばかりを求めていたなら、とてもできないことではあるのです。

しかし、誰《だれ》かがやらねばならない。誰かがやらねばならないなら、私たちがやらねばならない。私たちがやらねばならないなら、まず私がやらねばならない。そういう気持ちで、やってきました。

現に政治活動をしている方々は、非常にお強く、実績を持っていますし、長い信用も持っています。

ただ、これまで言ってきていることをずっと比較《ひかく》して見たならば、幸福実現党の言っていることだけが、この国の中心柱《ばしら》になってきているはずです。

もし、それを疑う方がいるならば、実際に調べてみられたらよいと思います。政権を取らせた民主党のやったことは正しかったか。自民党が言っていたことは正しかったか。公明党が言っていることは正しかったか。調べてみられたらいいでしょう。全然違っているはずです。

3　香港《ホンコン》の叫《さけ》びに、日本はなぜ動かない！

香港の百万人デモも同じような気持ちで

例えば、まだ一週間もたたない先週の日曜日、六月九日に、香港《ホンコン》で大規模なデモがありましたが、それも同じような気持ちだろうと思います。

五年前の二〇一四年にも、香港では「雨傘《あまがさ》革命」というものがありました。それは、「香港の自由と民主主義を護《まも》れ」という運動です。警官隊が武装して入ってきたときに、雨傘で抵抗《ていこう》するという、非常に悲しい戦い方ではありますが、そういうことをやって、結果的に学生たちは敗れたわけですが、その五年後、また今回、大きなデモがありました。

二〇一一年五月の香港講演の三年後に「雨傘《あまがさ》革命」が起きた

振《ふ》り返ってみると、二〇一一年の五月二十二日に、私は香港で講演をしています。けっこう厳しい日程で、前日の土曜日にフィリピンで六千人ぐらいを集めて英語講演をやり（“Love《ラヴ》 and《アンド》 Spiritual《スピリチュアル》 Power《パワー》”〔愛と霊界《れいかい》の秘術〕）、その日の深夜にプライベートジェットに乗って香港に入り込《こ》むというやり方で、真夜中に香港に入ったのです。翌日は、台風が香港を襲《おそ》っていたのですが、その台風のなかで「『事実』と『真実』」（“The《ザ》 Fact《ファクト》 and《アンド》 The《ザ》 Truth《トゥルース》”）という題にて英語講演をしています。

ただ、前日のフィリピンの講演会があまりに激しかったため、私の声はかすれてしまっていて、演壇《えんだん》に上がる前になっても声が出ないので、こんなに悔《くや》しいことはないと思いました。英語が難しいというのではなくて、声が出ないのでは伝えようがないので、これは、かつてない厳しさではあったのですが、何とか工夫《くふう》してやり抜《ぬ》きました。

その台風の日でも、千五、六百人ぐらいで満員になる会場いっぱいいっぱいに人が溢《あふ》れていました。それで、講演の終わりのころに、何か、後ろの席のほうの人がよく動くので、「香港には多動性の方が多いのだな」と、私は思っていたのですが、事前に、大雨洪水《こうずい》警報や、強風警報などが、レベル5まで出ていたようで、至急帰らないと、もう電車が動かないという状況《じょうきょう》になっていたらしいのです。

しかし、私のほうには、そういう情報は入っていませんでした。周りの人たちが、私が気にするといけないと思い、黙《だま》っていたわけです。そのため、私が話しているときに、何となく、ゴソゴソと動きがあるなと思っていたのですが、電車がもう出ないかもしれないというギリギリだったにもかかわらず、多くの人が私の講演を聴《き》いてくださいました。

そして、その香港講演の三年後（二〇一四年）に起きたのが「雨傘革命」です。この運動のなかにも、私のその講演を聴いてくださった方が、多数、参加されました。

百万人デモ前後における「活動家アグネス・チョウ氏の活躍《かつやく》」

さらに、先日の日曜日（二〇一九年六月九日）には、まだ正式なデモの名称《めいしょう》は付いていませんが、「逃亡犯《とうぼうはん》条例」の改正案に反対するデモが香港で行われました。

今、香港は、「香港で拘束《こうそく》している、何らかの犯罪に問われたような人（逃亡犯）を、中国本土のほうにも引き渡《わた》せるようにしよう」としています。それは、そういう法律がないので、条例を改正して、逃亡犯を引き渡せるようにしようとしているわけです。

ところが、反対のデモが起きました。当初、デモの主催者側《しゅさいしゃ》は、三十万人ぐらいが参加すると予想していたのですが、その後の発表では、「百三万人が参加した」と言っています。前回の雨傘革命よりも数は増えています。

なお、香港の「民主の女神《めがみ》」と言われているアグネス・チョウ（周庭《しゅうてい》）さんは、そのデモの当日の深夜便で東京に飛んできました。

そして、翌日、東京の日本記者クラブで会見したり、その後、明治大学で講演したり、テレビ局に行って、夜のテレビに出たりしていましたが、私どものほうも、守護霊《しゅごれい》にインタビューをしているので（注。二〇一九年六月十三日、幸福の科学 特別説法堂《せっぽうどう》において、「アグネス・チョウの守護霊霊言《れいげん》」を収録した。本書第二部 第1章にその全文を掲載《けいさい》）、その霊言は、昨日《きのう》あたりから、支部や精舎《しょうじゃ》等で聴けるようになっていると思います。

幸福の科学「香港《ホンコン》支部」の信者も百万人デモに参加していた

ともあれ、あちらの人たちも命懸《いのちが》けです。地元でデモをしている人たちは、顔を隠《かく》したり、眼鏡《めがね》をかけたり、黒いマスクをかけたり、いろいろなものを被《かぶ》って、顔を見られないようにしていることが多いのです。

なぜなら、中国では、顔認証システムの使用が徹底《てってい》されており、顔が防犯カメラ等に映ると、ＡＩを使って、たちどころに、誰《だれ》がどこにいるのかを割り出して、捕《つか》まえることができるようになっているからです。そういう意味では、非常に怖《こわ》い国であり、そこでデモをするのも大変です。

ちなみに、当会の香港《ホンコン》支部の会員もデモに参加していましたが、顔を隠していなかったので大丈夫《だいじょうぶ》でしょうか。いなくなってしまうかもしれないので、やや心配ですが、顔を隠さずにデモをしている写真を見ました。ひょっとしたら、カメラに顔を撮《と》られているかもしれません。

ともかく、中国本土のほうに連れていかれると、行方《ゆくえ》が分からなくなる、連絡《れんらく》が取れなくなって連れ戻《もど》すことができなくなるというのです。刑務所《けいむしょ》に入れられたのか、どこに入れられたのかも分からないし、殺されたかどうかも分かりません。こういうことが現実に起きているわけです。

「そのような条例が、今後、日本から行った観光客にも適用されることになるので、非常に危険である」ということを、アグネス・チョウさんは明治大学で話していました。

なぜ、その内容を知っているかというと、マスコミとは言えませんが、当会の〝ミニコミ誌の特派員〟が、学生に扮《ふん》して潜入《せんにゅう》し、講演の内容を活字に起こして、私のところに、すぐに届けてくれたからです。そのため、彼女がどのような話をしたかは知っています。

必死の訴《うった》えにも、日本の「政治家」や「マスコミ」が動かない理由

アグネス・チョウさんは、日本で一生懸命訴《うった》えているのですが、結局、日本だと、「暖簾《のれん》に腕押《うでお》し」「糠《ぬか》に釘《くぎ》」の状態で、「日本人というのは、いったい何がいけないのかがよく分からなくて、ボーッとしている」というような感じを、彼女は受けているようです。

また、自分の日本語が十分に通じないことも残念に思っており、「日本の政治家は、どうして動いてくれないんだろう」という気持ちを持っています。報道のほうは、かすかにしてくれていて、「こういうことがありました」ということや、アグ

ネス・チョウさんが述べている意見は紹介《しょうかい》してくれますが、それについて、「どうしろ、こうしろ」ということは言いません。

日本政府のほうも、ツンとした対応をしています。「慎重《しんちょう》に見極《みきわ》めたい」というような感じで、「自由と民主主義が護れればいいですね」というようなことを、他人事《ひとごと》のように言っていますが、何もかかわりたくないのです。

おそらく、もうすぐ、大阪でG20《ジートゥエンティ》（20カ国・地域首脳会議）が開かれますので、その関係もありましょう。

また、来年（二〇二〇年）には、中国のトップである習近平《しゅうきんぺい》氏を、今のところ、「国賓待遇《こくひんたいぐう》でお迎《むか》えする」と言っているようです。

そうなると、先日（二〇一九年五月二十五日〜二十八日）のトランプ大統領の来日のときと〝同じ扱《あつか》い〟をすることになります。

そのように、「国賓待遇の人が来る」ということになっているので、日本政府は、「香港のデモについて下手《へた》なことを言うと、また、いろいろと条件を付けてこられたり、非難されたりする」と思って、恐《おそ》れているのだと思います。与党《よとう》のほうは、できるだけ、かかわらないようにしているわけです。

また、〝ずるい〟のは野党のほうで、こちらも一切《いっさい》、かかわりたくないようです。彼らは、選挙で勝つことだけを考えており、自分たちが、「憲法の改正に反対する」とか、「日本が戦争にかかわるようなことは反対する」というようなことを言っているので、かかわりたくないのです。

そのようなわけで、与党も野党も何も言いません。自民党と連立している公明党も、「中国との国交回復のときに根回しをした」というのが、いちばんの自慢《じまん》ですから、中国がやっている悪いことについては、何も言いたくないのです。「日本の政治家は誰も声を上げてくれない」という、非常に気の毒な状況です。

4　幸福の科学は「自由」を護《まも》るために応援《おうえん》する！

「台湾《たいわん》を護り、見捨てない」と約束した三月の台湾講演

先般《せんぱん》、三月の初めに、私は台湾《たいわん》で講演をしました●。

そのとき、台湾は、中国から圧力をかけられていて、「独立するというのであれば、軍事侵攻《しんこう》をする」ということを、一月に習近平《しゅうきんぺい》氏から言われていました。

そのため、私は、三月に行ったときに、日本政府の見解ではないものの、大川隆法個人として、幸福の科学の総裁として、幸福実現党の総裁として、「私たち幸福の科学は、台湾を護《まも》ります。今度は見捨てません」ということを申し上げました。私個人の約束です。

これが日本の約束としてどこまで通用するかは知りませんが、そう言った以上、

●台湾で講演を……　2019年3月3日、台湾のホテル「グランド ハイアット 台北《タイペイ》」において、「愛は憎《にく》しみを超《こ》えて」と題して講演と質疑応答を行《おこな》った。『愛は憎しみを超えて』（幸福の科学出版刊）参照。

やれるだけのことはやるつもりです。

百万人デモをなかったことにできる「中国の情報統制」

なお、今回の香港《ホンコン》の戦いは、結局、香港での「言論の自由」「投票の自由」「政治活動の自由」「表現の自由」「報道の自由」といった、あらゆる「人権に基《もと》づく自由権」を制約する第一歩、第二歩であることは間違《まちが》いありません。

今回の百万人デモを、ＮＨＫの国際版も含《ふく》め、国際的なテレビがたくさん放映していたのですが、あっという間にブラックアウトしました。テレビの画面が〝真っ黒〟になって映らなくなったのです。こういうことを中国は平気でやります。

ただ、これは、今に始まったことではありません。二〇一一年に、私が香港で講演をした前日の夜のことです。ホテルでは、私の製作総指揮した映画の一つ、「永遠の法」（二〇〇六年公開）というアニメーション映画が放送されていました。地元の支部が、「大川隆法総裁の講演会があるから」ということで依頼《いらい》して放送されていたものです。

ところが、それをずっと観《み》ていたところ、霊界《れいかい》のシーンに描写《びょうしゃ》が移ったとたん、テレビの画面が〝真っ黒〟になったのです。「ええっ!? これは何かの不具合かな」と思ったのですが、そのあと、二度と復活しませんでした。

要するに、番組としては出ているものの、マルクス・レーニン主義的な唯物論《ゆいぶつろん》・無神論から言えば、霊界など、あってはならないわけです。そのため、「霊界の描写をしているアニメが放送されるのは具合が悪い」ということで、画面を真っ黒にしてしまうのです。これは、二〇一一年の五月のことです。

今は二〇一九年の六月ですが、やっていることは同じです。百万人デモをやっているのに、その映像を平気で消せるのです。自分たちの国内放送ではなく、海外のテレビ局の放送まで真っ黒にしてしまって、事件をなかったことにできるわけです。ちょうど、三十周年を迎《むか》えた天安門《てんあんもん》事件も、「いったい何人死んだかが、いまだに分からない」と言われています。

当局の発表では死者三百人ぐらいだと言っているのですが、調べれば調べるほど、「どうも、もっと多いらしい」ということで、少なくとも二、三千人、あるいは、一万人を超えているかもしれないとされています。

さらに、殺された人たちは死体も出てきません。全部、どこかに連れていかれ埋《う》められてしまっているので、分からないのです。そういう国なのです。「報道の自由」がない。「言論の自由」もない。また、「選挙の自由」さえ、実際はない。

例えば、香港で立候補するのでも、北京《ペキン》政府のほうが応援《おうえん》しなければ立候補資格がないというような状態であり、こうしたなかでやっているわけです。

香港《ホンコン》から「自由」がなくなったら次は台湾《たいわん》、そして尖閣《せんかく》から沖縄《おきなわ》へ

私は、「香港《ホンコン》から自由がなくなったら、次は台湾《たいわん》に来る」と思っているし、「台湾が落ちたら、いよいよ、尖閣《せんかく》から沖縄《おきなわ》に来る」と思っています。

ですから、これについては、日本の将来を考える上でも、真剣《しんけん》に考えなければいけないと思うのです。

安倍《あべ》首相がたまたまイランに行っていて、責任者がおらず、何も言わないで済んだのかもしれないけれども、やはり、言うべきことは言わなければいけません。

今回のデモには、武装していない市民が、香港の住民の七人に一人となる百万人以上も参加しました。それだけの人が参加している事件をないことにして、それを「暴動だ」「反乱だ」といったように言っていますが、やはり、民主主義の基礎《きそ》は全然ないも同様です。「まったく聞く気はない」「鎮圧《ちんあつ》しか考えていない」ということでしょう。

人々に危害を加えうる権力は、公平な立場から批判を受けるべき

中国は、群雄割拠《ぐんゆうかっきょ》して、国が分かれていた時代も長かったので、おそらく、「統一さえすればよい」「安定さえあれば、それが正義で、善なのだ」という考えも持

っているのだろうとは思いますが、世界の潮流《ちょうりゅう》とは違っていることは明らかです。人々に危害を加えることができる権力を持っている者は、やはり、公平な立場から批判を受ける責任があると思います。そのための、実際に刀や実弾《じつだん》を使っての戦いではないかたちで、「選挙」というものが行われ、それによって民意を確かめるというのが、民主主義だろうと思うのです。

今、香港では、ゴム弾が撃《う》たれたり、催涙《さいるい》ガスが発射されたりしていますが、いずれ、もっと大きなものになるかもしれません。

大川隆法の名において、自由を護《まも》るために応援《おうえん》したい

私たちにできることは数少ないかもしれません。

現時点では、日本の自衛隊が動くはずもありませんし、政府が大幅《おおはば》に介入《かいにゅう》することもないと思えるので、私たちができることは、ささやかなことです。

ただ、この講演の内容は、香港の人たちにも必ず届きます。すぐに届きますので、

香港の人たちに言っておきたい。そして、台湾の人たちにも聴《き》いていただきたいと思います。

宗教法人としての幸福の科学グループ、および、政党としての幸福実現党は、その創始者であり創立者である大川隆法の名において、あなたがたの自由を護《まも》るために、応援《おうえん》したい！　そう思っています（会場拍手《はくしゅ》）。

（注。本講演の翌日の二〇一九年六月十五日、香港政府行政長官は「逃亡犯《とうぼうはん》条例」の改正を延期することを発表した）

5　国際関係を動かす宗教と信仰《しんこう》の力

「死後の世界があり、神仏が見ている」から正義を求め、戦う

やはり、あれだけの大国になって、基本的人権というものを理解していないというのは、許しがたいことです。その程度のことは勉強すべきです。勉強しないで、いまだに封建《ほうけん》時代をやっているのは、許しがたいことです。

これが、無神論や唯物論《ゆいぶつろん》の行き着く果てなのです。この世での権力や権勢以外、何もないのです。「死んだらもう終わりだ」と思っているから、この世での権力、権勢、快楽以外、何にもないわけです。

しかし、「死んで、あの世があって、神仏がこの世を見ておられる」ということから、人々は、正義を求め、善を求めます。

だから、命を懸《か》けて、正しさのために戦うのです。神のために、仏のために、神仏の子として、この地上でやらねばならないことをやるために、戦うのです。

長生きしても、わずか百年そこそこでしょう。短い人は、二十数年ぐらいで、戦って死んでいく人もいますけれども、かつての人が、そして、今の人たちが戦う理由は、われわれには目指すべきもの、久遠《くおん》の真実があるからです。

だから、戦う。落選したことぐらいで、負けたうちには入らない。まだ命は取られていない。

命が取られたなら、この世での戦いはそれで終わるかもしれないが、あの世での戦いは、それでも、まだ終わってはいません。

あの世では、霊界《れいかい》では、「神と悪魔《あくま》の戦い」が、この地上を縁《えん》として行われています。

この地上でも、権力を持とうとしている者のなかで、悪なる心を持った者が、悪魔に入られて、人々を不幸にする活動を数多くやっています。

これに対して、天使たちは、その悪魔たちを撃退《げきたい》すべく戦っていますが、いかんせん、この地上の大多数が間違《まちが》った方向に流れた場合に、それを救い切れないで、困っているのです。

私たちは、こういったところを、もっと勇気を持って、堂々と述べねばならないと思います。

「私はエル・カンターレの弟子《でし》です」と述べたイラン首脳守護霊《しゅごれい》

もう一つ、言っておかねばならないことがあります。

今日は、イランに行っていた安倍《あべ》首相がちょうど日本に帰ってきたところです。安倍首相は、トランプ大統領との蜜月《みつげつ》をアピールした続きとして、「北朝鮮《きたちょうせん》については アメリカ合衆国が交渉《こうしょう》してくれたから、イランとアメリカとの今の緊張《きんちょう》関係については、イランと長年友好関係にあった日本が、代わりに行って、話をしましょう」ということで、イランに行きました。そして、最高指導者のハメネイ師とロウハニ大統領とに会っています。

昨日《きのう》、私も、この二人の守護霊《しゅごれい》とも話してみました。私のほうは、守護霊を呼んで話をすることが簡単にできるため、「どんな考えを持っている人か」を調べてみたのです（注。二〇一九年六月十三日に「ロウハニ大統領守護霊／ハメネイ師守護霊の霊言《れいげん》」を収録。本書第二部　第2章、第3章にその全文を掲載《けいさい》。また、翌十四日には「ハメネイ師守護霊の霊言②」を収録。本書第二部　第4章にその全文を掲載）。

ハメネイ師という最高指導者の守護霊は、話の内容としては非常に宗教的な方で、最初に述べたのは、「私はエル・カンターレの弟子《でし》です」ということでした。ちょっと驚《おどろ》きました。

イランには、当会の会員はまだ百人ぐらいしかいないし、イランでは、認められている宗教は四つしかなく、日本の宗教は認められていないはずですけれども、「エル・カンターレの弟子です」と言ったのです。

そして、最高指導者の下にいるロウハニ大統領は、実務家的な面が半分ぐらいありますが、宗教家でもあり、ロウハニ師ともいわれています。この人の守護霊も、「私はエル・カンターレの弟子です」と言いました。驚くべきことです。

彼らの霊言はこれからペルシャ語にも翻訳《ほんやく》されるので、イランに逆輸入されて伝えられると思いますが、「エル・カンターレといっても、中東ではエローヒム●という名前で知られていて、長らくエローヒムの弟子でいました。その方が今、エル・カンターレと名乗《なの》っていらっしゃるのでしょう？　存じています」というように、はっきりと認めてきたのです。

イラン首脳はアメリカを「宗教的に浅い」と見ている

しかし、アメリカに関しては、新聞やテレビで見るとおり、「トランプ大統領の意見は聞かない」ということを守護霊も言っていました。

ここについては、まだ話をしなければいけないでしょう。安倍さんでは無理なよ

●**エローヒム**　地球系霊団《れいだん》の至高神であるエル・カンターレの本体意識の一つ。約１億５千万年前、地球に地獄界《じごくかい》のもととなる低位霊界《れいかい》ができ始めていたころ、今の中東に近い地域に下生《げしょう》し、「光と闇《やみ》の違い」「善悪の違い」を中心に、智慧《ちえ》を示す教えを説いた。『信仰の法』（幸福の科学出版刊）等参照。

うなので、私のほうで言わなければいけないことがあると考えています。

要するに、彼らは、宗教的な立場で見て、「アメリカは、四百年ほど前、メイフラワー号でイギリスから逃《のが》れてきたのが始まりで、建国されたのは二百数十年前なので、宗教的にまだ非常に浅い」という考えを持っているわけです。

イランとアメリカとの緊張《きんちょう》関係の根本《こんぽん》にある宗教的問題とは

それから、アメリカとの緊張《きんちょう》関係については、具体的な問題としてはいろいろとありますけれども、「その根本《こんぽん》は何か」というと、こういうことでした。

トランプ大統領の娘《むすめ》さんは、結婚《けっこん》相手がユダヤ教徒ということで、結婚式をユダヤ教で挙げるとき、ユダヤ教徒に改宗しています。

その関係もあり、トランプ大統領になってからアメリカは、ユダヤ教に対して有利なことをやっていることは事実です。イスラエルにあるアメリカ大使館を首都エルサレムに移すなど、それまでできなかったことをやっています。

そういうことは、アメリカの保守の本流というか、右翼《うよく》に当たる部分の人たちには非常に訴《うった》えるものがあるらしいので、そういうところとの公約を守っている面もあるのだろうとは思います。

また、アメリカの「マスコミ」や「金融《きんゆう》」の重要なところは、「ユダヤ資本」が握《にぎ》っています。イギリスもそうです。ヨーロッパ各地も、そうなっていますが、そのへんが陰《かげ》の力を持っているということもあります。

ただ、ハメネイ師やロウハニ大統領の守護霊の意見を聞くと、「要するに、宗教的な問題があるのだ」と言っていたのです。

すなわち、「ユダヤ教があるということ、そして、今、イスラエルという国があるということまでは許容してもよい。ただし、自分たちとしては意見がある。イスラエルは一九四八年に建てられた。これは、戦後、戦勝国が、『先のナチス・ドイツによりユダヤ人が迫害《はくがい》されて六百万人も殺されたのはかわいそうだから、それ以前からあったシオニズム運動という〝故郷《ふるさと》に帰ろう運動〟を認めてやろう』ということで、アラブの土地の一部を空《あ》けさせて、国を建ててやったからである。千九百年ぶりのことだ。けれども、千九百年間も国がなくなっていたところの神が、全智《ぜんち》全能《ぜんのう》の神と言えるのか。やはり、そうではなく、民族神であろう」というようなことを言っていたのです。

詳《くわ》しく言えば、モーセが出《しゅつ》エジプトをしてカナンの地を求め、中東に国を建てたとき、確かにそこはすでに他の部族が住んでいるところだったので、その領土を奪《うば》って国を建てたことは事実です。

つまり、「その当時から、ユダヤ教の神様の言う言葉と、ほかの部族の神様の意見とが違っていた」ということですから、「最初にユダヤ人を導いていたのは、おそらく民族神であっただろう」ということは間違いないのです。

ただ、長い歴史のなかには、民族神ではない「世界普遍《ふへん》の神」の言葉も入っていることは事実であり、その教えの一部はキリスト教の母体にもなっています。

「イスラム教信仰《しんこう》」と「キリスト教信仰」を比較《ひかく》する

彼らは、キリスト教についても触《ふ》れ、「イスラム教は、キリスト教について認めてはいる。『イエスは大天使か、預言者《よげんしゃ》か、そういう方である』ということは認めている。けれども、キリスト教には問題点がある。『聖書《せいしょ》』のなかで、イエスは、『主なる神がいる。主なる神が私に来たりて、今、語っておられる。この業《わざ》をなしておられる。病気を治したり、蹇《あしなえ》を治したり、目の見えない人を見えるようにしたりしているのは、主なる神の御業《みわざ》が現れているのだ』とはっきり語っているのに、キリスト教徒たちはその意味が分からなくなっていて、『イエスそのものが、主なる神であり、主なのだ』ということを言い出しているし、イエスの母の聖母マリアを祀《まつ》り上げ、その上にでもいるかのような言い方をするようになっている。このへんのところは、宗教的にまだ浅い」というようなことを言っています。

そして、「イエスは最高神ではない。イエスの上に神がいたはずだ。そこを今のキリスト教ははっきりと伝えていない。ここが、足りていないところである。一方、われわれのイスラム教においては、アッラーを神として崇《あが》めているが、これは最高神である。われわれは、最高神から受けた啓示《けいじ》を守って、やっているのだ。その意味において、ユダヤ教やキリスト教よりも、あとからできたイスラム教というのは、神に近いのである」と言います。

さらに、「その神は、エローヒムと言われた方である。その方が、アッラーという名前で出られたのだ。そして、われわれが今必要としているのは、新しい、現代のアッラーの言葉である。それを、どうか伝えてください。そうすれば、その後、どう変わっているのかが分かる。今から千何百年前の言葉に基《もと》づいてやっているので、現代は不具合がたくさん起きている。だから、今、新しいアッラーの言葉があるなら、われわれもそれを学びたい」ということを言っていました。

彼らは宗教者です。間違いなく宗教者です。

6　迫《せま》りくるエネルギー危機への対処法

安倍《あべ》首相が会談中、タンカーを襲《おそ》ったのは誰《だれ》か

今、報道されている内容によると、「日本に燃料を送ろうとしていたタンカー一隻《せき》と、ノルウェー船籍《せんせき》で台湾《たいわん》に燃料を送ろうとしていたタンカー一隻、計二隻がホルムズ海峡《かいきょう》で襲《おそ》われた。ちょうど安倍《あべ》首相がイランの最高指導者と会談している時間に攻撃《こうげき》を受けた」とのことです。時間が一致《いっち》しているので、何か意味があることは明らかです。

今朝《けさ》、流れていた情報によれば、アメリカ側が明らかにしたこととして、船側部《せんそく》に機雷《きらい》が仕掛《しか》けられており、それを遠隔《えんかく》操作して爆破《ばくは》したようだが、不発の機雷があったため、事件があってから数時間後に、イランと思われる秘密部隊が行って、

その不発機雷を撤収《てっしゅう》しているところを流していました。イランの最高指導者直属に入る秘密部隊がやったというところまで特定しつつある、というわけです。

このことについてイランの側は否定しているとは思います。

日本への警告と、日本のエネルギー危機

これを〝謎解《なぞと》き〟すれば、どういうことになるでしょうか。

アメリカとの蜜月《みつげつ》関係を誇示《こじ》しながら、トランプ大統領のメッセンジャーとしてイランへ来た安倍首相。日本はその前にイランからの石油の輸入をストップし、すでに制裁をしているわけです。

イランとしては、「(日本はイランと)仲が良かったとは言っても、アメリカの言いなりではないか。今回のは自発的な意見ではないだろう。そういう返事は何もないぞ。トランプ氏に言うことなど何もない」ということを言いたいのではないかと思われますが、これは、ある意味で、日本に対する警告をしているところもあるの

でしょう。

イラン以外からの石油もあるにしても、どの国から運んでもホルムズ海峡を通るため、そこで攻撃を受けたら、タンカーは通れなくなります。つまり、日本のエネルギー事情には非常に危機が迫《せま》っているわけです。

日本の某《ぼう》大臣は「エネルギー危機はない。大丈夫《だいじょうぶ》だ。供給はできる」などと言っているのですが、そんなことはありません。危機は迫っています。戦争の危機も迫っているでしょう。

幸福実現党の主張どおり、やはり原子力エネルギーが大事

その意味では、幸福実現党だけがずっと主張してきているように、「日本は原子力エネルギーの発電設備を数多く持っているにもかかわらず、それらの多くを稼働《かどう》せずに止めているのは間違《まちが》っている」と言えます。

火力発電系統のものは、エネルギーの輸送のところを止められると、非常に危機

的になり、国が本当に戦争状態へと追い込《こ》まれることもあるためですが、やはり、（原発を早期再稼働せよという）幸福実現党の政策は正しかったと思っています。

今回の安倍首相の外交は、はっきり言って失敗だったでしょう。ただ、おそらく、自分が失敗したことは分からずに、「向こうは『核《かく》武装しない』ということを言っている」ということのみを戦果としてはいるものの、「もともと核を持っていない」というだけのことです。

イスラエルは核《かく》武装しているのに、イスラム諸国には認めない不公平さ

一方、イスラエルは核《かく》武装をしています。そのため、イランとしては、「欧米《おうべい》諸国はイスラエルが核武装をしていることについては認めて、イスラム圏《けん》のほうが核武装をすることは認めない。これは不公平だ」と言っているわけです。

要するに、「国内にはわずか八百万人ぐらいの国民しかおらず、世界に散らばっている人を合わせても千五百万ぐらいしかいないところが、数億人もいるようなイ

スラムの人たちに対して核攻撃をすることができるのに、イスラムのほうからは反撃できない状態になっている。これが正しいのか」ということを問いかけているわけです。

こうした内容に対し、きっちりと答えられないといけないのではないかと、私は思います。

イスラム社会の現代化が遅《おく》れているポイントとは

もちろん、イスラムの国においても、現代化が遅《おく》れているところはそうとうあります。

人権においては、中国に劣《おと》らず遅れているところがあります。例えば、「女性の権利」については遅れているでしょう。それから、「経済原理」についての教えが十分ではないために、近代化からかなり遅れています。そういったところを直し、一部、変更《へんこう》していかなければいけない面はそうとうあると思います。

ただ、こうしたものは、幸福の科学の教えをペルシャ語に翻訳《ほんやく》すれば、ほとんど解決される問題ではあるでしょう。

そのようなわけで、私としては「中国問題」を片付けてから「中東問題」に行きたいと思ったのに、同時に進んできており、もしかすると中東のほうが先かもしれないという状況《じょうきょう》になっています。

イランの軍の一部がタンカーに機雷を仕掛けて爆破したという客観的証拠《しょうこ》が確定すれば、アメリカとしては、「国際法上は許せない」ということになり、以前にイラクを攻撃したようにイランを攻撃することも可能だろうと思います。ただ、それが望ましい結果になるかどうかは分かりません。

アメリカが「9・11」テロの際にサウジを攻撃《こうげき》しなかった理由

かつても、いわゆる「9・11」、ニューヨークのワールドトレードセンタービル爆破事件があったとき、「主犯はオサマ・ビン・ラディンだ」と称《しょう》し、最後はパキスタンにあった彼の隠《かく》れ家を襲って暗殺したことになっています。

ただ、「９・11」が起きたとき、オサマ・ビン・ラディンとその家族や仲間たち二十数名はアメリカ国内にいたのです。その後、彼らは三日目にはプライベートジェットでアメリカから脱出《だっしゅつ》していたことが分かっています。なぜならば、サウジアラビアと当時のアメリカ大統領だったブッシュ氏とは仲が良かったため、サウジアラビア人は特別待遇《たいぐう》されており、警備までつくほどだったのです。

そのため、彼らを逃《のが》したばかりか、なんと、イラクを攻撃《こうげき》してしまい、最後にはオサマ・ビン・ラディンが海外に逃れて隠れ家にいるところを急襲《きゅうしゅう》して暗殺するということをやりました。

そのときに攻撃すべきは、事件を仕掛けたサウジアラビアの彼らの一族であったはずなのです。それを、「大量破壊《はかい》兵器がある」と称してイラクを攻撃したわけですが、悲惨《ひさん》な結果が起きました。

今回も、イランを攻撃するということが、結果的に非常に大きな被害《ひがい》を生むことになるかもしれないし、日本のエネルギー供給もそうとうな危機にさらされることになるかもしれません。

7　日本は国家として自立し、世界に正しい発信をせよ

したがって、同盟関係も大事なものではありますが、私たちは、独立した国家として、言うべきことははっきりと言う国にならなければなりません。

自民党のほうも情けないとは思いますが、野党のほうも、共産党まで含《ふく》めて、「マッカーサーから押《お》し戴《いただ》いた憲法を奉《ほう》じ奉《たてまつ》る」という感じでやっているようです。

しかし、「もうそろそろ、きちんとした日本人になろうではないか」というのが、私の言いたいことです。

日本が国家として自立し、世界に正しい発信をする。

それこそが、われわれの「不惜身命《ふしゃくしんみょう》、やり続けなければならないこと」です。

その過程で、政治において選挙その他での勝利を収めたいとは思いますが、われ

われは、途中《とちゅう》で、幾度《いくど》、負けを経験したとしても、不名誉《ふめいよ》だとは思いません。

この地上に仏国土《ぶっこくど》ユートピアを打ち立てることこそ、われらの本当の使命だからです。

戦い続けたいと思います。

どうか、今後ともご支援《しえん》のほどお願いします。ありがとうございました。

第二部　日本が対処すべき国際問題の主役たちの霊言《れいげん》

――アグネス・チョウ、ロウハニ大統領、ハメネイ師　守護霊《しゅごれい》の霊言

「霊言現象《れいげん》」とは、あの世の霊存在の言葉を語り下ろす現象のことをいう。これは高度な悟《さと》りを開いた者に特有のものであり、「霊媒現象《れいばい》」（トランス状態になって意識を失い、霊が一方的にしゃべる現象）とは異なる。外国人霊の霊言の場合には、霊言現象を行う者の言語中枢《ちゅうすう》から、必要な言葉を選び出し、日本語で語ることも可能である。

また、人間の魂《たましい》は原則として六人のグループからなり、あの世に残っている「魂のきょうだい」の一人が守護霊《しゅごれい》を務めている。つまり、守護霊は、実は自分自身の魂の一部である。したがって、「守護霊の霊言」とは、いわば本人の潜在《せんざい》意識にアクセスしたものであり、その内容は、その人が潜在意識で考えていること（本心）と考えてよい。

なお、「霊言」は、あくまでも霊人《れいじん》の意見であり、幸福の科学グループとしての見解と矛盾《むじゅん》する内容を含《ふく》む場合がある点、付記しておきたい。

第1章

アグネス・チョウ守護霊《しゅごれい》の霊言《れいげん》

二〇一九年六月十三日　収録

幸福の科学　特別説法堂《せっぽうどう》にて

アグネス・チョウ（周庭《しゅうてい》）（一九九六〜）

香港《ホンコン》の社会運動家。香港浸会《しんかい》大学在学中。二〇一四年、香港の民主化デモ「雨傘《あまがさ》革命」で中心的な役割を果たし、「民主の女神《めがみ》」と呼ばれる。二〇一六年、学生リーダーらと政党「香港衆志《しゅうし》（デモシスト）」を創設。二〇一八年には香港立法会（議会）の補欠選挙に出馬を表明するも、香港政府により立候補を認めない判断を下《くだ》される。二〇一九年六月、「逃亡犯条例《とうぼうはんじょうれい》」の改正に反対するデモに参加。デモ隊は百三万人（主催者《しゅさいしゃ》発表）に達し、香港返還《へんかん》後最大規模となった。

質問者

大川紫央《おおかわしお》（幸福の科学総裁補佐《ほさ》）

髙橋志織《たかはししおり》（幸福の科学宗務《しゅうむ》本部第一秘書局 兼《けん》 ソフト開発室）

［質問順。役職は収録時点のもの］

1　二十二歳《さい》の女性活動家が日本に協力を呼び掛《か》けている

大川隆法　香港《ホンコン》で、六月九日に大規模なデモが起きました。学生中心のデモで、主《しゅ》催者《さいしゃ》側発表が百三万人です。その数字が正しければ、香港の七人に一人がデモに参加したことになります。

デモの内容は、「逃亡犯条例《とうぼうはんじょうれい》」の改正案への反対ということです。香港でいろいろな罪で捕《つか》まった人を、中国本土のほうに連れていけるというような条例ですが、「それだと、〝鬼ヶ島《おにがしま》〟に連れていかれたみたいなもので、もう帰ってこられない」という感じになるので、みんな、「これは大変な危機だ」ということで、デモをしています。

そのデモの様子は、中国国内の報道ではブラックアウトして、まったく観《み》られないようになっています。海外では少し報道されていますが、国内ではまったく言論弾圧《だんあつ》をしている状況《じょうきょう》かと思います。

これについてどうすべきか、幸福の科学も考えを持たなければいけないと思っています。

活動家のリーダーである、二十二歳《さい》の女子学生のアグネス・チョウ（周庭《しゅうてい》）さんが、デモに参加したあと日本に来て、東京の記者クラブで話をしたり、昨日《きのう》（六月十二日）は明治大学で講演したり、ＴＢＳに出たり、いろいろ話をしています。日本人にも協力してほしいということのようです。

彼女の守護霊《しゅごれい》と話をして、基本的な考え方と、当会ができることは何かあるかどうかを訊《き》いてみたいと思います。

では、呼んでみます。

アグネス・チョウさんの守護霊よ。

アグネス・チョウさんの守護霊よ。

どうか幸福の科学に降りたまいて、そのご本心をお聞かせください。お願いいたします。

（約十五秒間の沈黙《ちんもく》）

2　香港《ホンコン》の〝火事〟がいずれ日本に

幸福の科学との距離《きょり》感について語る

アグネス・チョウ守護霊　アグネスです。

大川紫央　おはようございます。

アグネス・チョウ守護霊　あ、おはようございます。

髙橋　おはようございます。

香港の「逃亡犯条例」改正について記者会見する民主派幹部のアグネス・チョウ氏（6月10日、東京都千代田区）。

アグネス・チョウ守護霊　はい。

大川紫央　今、日本に来られて……。

アグネス・チョウ守護霊　はい、来ています。

大川紫央　幸福の科学はご存じですか。

アグネス・チョウ守護霊　はい。いろいろ、友達……、うーん、友達と言っていいかどうかは知らないけど、声をかけてくれる方がたくさんいます。何人も何人も、声をかけてくれている。何年も前から、声をかけてくれていますし、いろいろものを送ってくれたりもします。はい。

髙橋　何か、「幸福の科学とは、今、ちょっと距離《きょり》を置かれている」ということを伺《うかが》ったのですけれども。

アグネス・チョウ守護霊　うん。まだ、この幸福の科学の教えは、全部理解ができていないので、ちょっと失礼に当たるといけないから。

髙橋　なるほど。

アグネス・チョウ守護霊　ちょっと、〝アニメオタク的〟な日本語の勉強だけで来ていて、まだ勉強もしないといけないから、そんなに、がっしりと、「百パーセント（幸福の科学と考えが）一緒《いっしょ》です」とはなかなか言えないので。
ほかの、もうちょっと単純なものは、考え方が分かればすぐにアクションできますけど、幸福の科学というと、本がいっぱい出ているし、中国語でも出ているし。

日本語でも出ているけれども、多すぎて、ちょっと私の日本語力では、まだこなせないでいるので。いろんな本があるでしょう？

髙橋　そうですね。

アグネス・チョウ守護霊　「これだけを読めば分かる」というわけにいかないので。だから、別に、「悪意」も「反感」も、何も持っていないです。「協力してくれる」と思っているんですけども。

ただ、大きな団体だろうから、どういうふうな考え方を持っていらっしゃるのかが、もうちょっと分からないと、迷惑《めいわく》をかけることもあるからね。下手《へた》に迷惑をかけてもいけないし、お互《たが》いに利用するだけの関係になってもいけないからね。そのへんを、ちゃんと分かり合えたらいいなと思います。

まだちょっと、私も若いんで、分からないことがいっぱいあるので。とりあえず今は、香港《ホンコン》の危機を訴《うった》えることで精一杯《せいいっぱい》なんですけどね。

髙橋　ありがとうございます。

香港の民主主義を護《まも》る必死の抵抗《ていこう》に、欧米《おうべい》からも声が

大川紫央　香港は、最終的に、どんなふうになればいいと思いますか。香港の「民主の女神《めがみ》」とか言われていらっしゃるので。

アグネス・チョウ守護霊　「最終的」と言われてもあれですが、少なくとも、元《もと》に持っていたものは維持《いじ》したいですよね。

返還後《へんかん》、五十年間、体制を維持できれば、二〇四七年までは、香港はイギリスの統治下の（体制の）ままでいられるので、「西洋型のデモクラシー」と、「マスコミ」や「言論の自由」がある制度を維持できるはずだったんですけれども。十年、

二十年で、もう、中国化？　中国に吸収されかかってきていますのでね。でも、私たちにとっては、これはすごく大きいことですから。あと二、三十年、その自由があるのと、まったくなくなるのとでは、全然違《ちが》いますからね。だから、「国づくり」よりも前に、〝国を取られる〟ような感じ？　それが現在来ている状況《じょうきょう》ですから。

大川紫央　はい。

アグネス・チョウ守護霊　うーん、「目指している」というよりは、もう必死で、今、抵抗《ていこう》している。「雨傘《あまがさ》革命」で頑張《がんば》ったけど、負けたので、それで抑《おさ》え込《こ》めたと思っているだろうけど、今回は〝前回よりもっと大きい運動〟になっているから、もう香港人全員に利害関係があるし、台湾《たいわん》のほうからも、いちおう声が上がっているので。

「中国の『一国二制度』は信用できないじゃないか」ということを、蔡英文《さいえいぶん》（台湾総統《そうとう》）さんとかも言っているし、欧米《おうべい》のほうからも非難の声は上がっていますが……。

大川紫央　そうですね。

日本からの「声」は小さく、政治家も発言しないのは、なぜ

アグネス・チョウ守護霊　日本の声は小さい。

大川紫央　うーん。

アグネス・チョウ守護霊　とても小さいので、私が今、（日本に）来ているんですけどね、分かってくれているのかなあ、本当に。

大川紫央　まあ、日本の政治家は、たぶん、あまり意見を言えない可能性のほうが高いと思いますけどね。

アグネス・チョウ守護霊　なんで、みなさん、言葉にしないんでしょうね。

大川紫央　「中国との関係を壊《こわ》すと、お金が入ってこなくなるんじゃないか」とか。

アグネス・チョウ守護霊　そう思っているんでしょうねえ。

ロシアの北方領土の問題で、あんなに、この前騒《さわ》いでいたんでしょう？

中国に、「香港の問題をどうにかしろ」とか言ったら、中国政府から、「日本との取引を見直す」とか、「観光客を何割減らす」とかいうことを、もしカウンター（反撃《はんげき》）で言われたら、たちまち景気が悪くなると、きっと思っているんでしょ？

たぶんそうだと思う。

でも、そう思っているということさえ、言わないじゃないですか。

大川紫央　はい。

アグネス・チョウ守護霊　政治家で責任ある人は、誰《だれ》も言わない。与党《よとう》も野党も、言わない。「民主主義の大国」としては困る。

日本のメディアは多少報道するが、事実を伝えるだけ

アグネス・チョウ守護霊　メディアは、多少取り上げてくれますが、でも、責任は取らないね。意見を流すだけで、「どうしろ」って言うわけではないので。「こういうことがありました」っていうことは言ってくれるけど。あとは、「アグネス・チョウさんが言っている」ということだけですよね。

だから、「事件」ということで報道しているのであって、「どうしたいか」っていう報道ではないですね。

自由が失われてから発言しても、もう遅《おそ》い

髙橋　二十二歳《さい》という若さで、そういう政治的な行動ができるというのは、同じ若者として、とても尊敬しています。何が、その活動の原動力になっているのでしょうか。

アグネス・チョウ守護霊　うーん、自分に正直なだけ。自分に正直なだけよ。みんなそう思っているけど、その正直なことを口に出したり、行動したりしたら、いろんな人から「危険だぞ」と言われる状況だから。

その「危険だぞ」と言われるなかで、どこまでしゃべり、どこまで行動するかは、各人が自分をどう……、何て言うのかな、日本語がよく分からないけど、うーん、

うーん、うーん……。自分の「使命」？「天命」？そういうものを感じるかということでしょ？

髙橋　はい。

アグネス・チョウ守護霊　だから、サイレントマジョリティー（声なき多数派）も、まあ、いることはいますから、それはもうどうなってもしかたないと思って。ただ、マイナスのことが起きるのは嫌《いや》だから。下手に口にしたり、行動して、目をつけられて、あとで中国に引っ張っていかれて、どこかの刑務所《けいむしょ》に入れられたりしたら、もう、誰も救ってくれない。

弁護士も駄目《だめ》だし、司法制度自体に信頼性《しんらい》がないですよ。中国の司法は、もう完全に政治の下《した》にあるので、政治が一定の方向を出したら、それに反する司法はありえないので。いわゆる西洋型の三権分立《さんけんぶんりつ》ではないんですよ。だから、信用できないんですよ。もう、行政命令の下《もと》に司法はあるんです。

だから、私は、若いからかもしれないし、頭が単純だからかもしれないし、アニメオタクで、日本の文化を勉強したからかもしれないけど、やっぱり、「自由っていいな」と思うから。

目に見えないけどね。「自由」って、目に見えないけど、でも、「いいものだな」と思うから、それを言いたいなと。失われてから、「大事だった」と言っても、もう遅《おそ》いんじゃないかな。


香港の自由が、あっという間に中国の全体主義に

アグネス・チョウ守護霊　だから、今回、デモをしている人たちも、「これで最後かもしれない」と、みんな思ってる。「これが弾圧《だんあつ》されて、負けたら、もう終わりだ」と。
条例の改正は、今、議決が止まっていますけど、まあ、いずれ断行《だんこう》するかもしれ

ないので。デモを片付けることができたら、（改正案が）通っちゃうだろうと思うけど。やっている人たちはみんな、中国の息のかかっている人ばっかりだからね。だから、香港の自主的な意思決定じゃないんですよ。そういうことができないようになっている。

私だって、立候補しようとしたけど、「資格がない」とされたから。中南海、北京《ペキン》（政府）が認めた人でないと、政治にも立候補できないしね。

まあ、役人たちもみな、給料が出なくなるから、言うことをきくしかないし。全体主義ですよね。

どうしたらいいんだろう？　香港は自由だったのに、なんで、こんなに、あっという間に変わるんだろう？

権力が一元化することの恐《おそ》ろしさ

大川紫央　ただ、おそらく、中国の言い分としては、「そうは言っても、香港は中

●立候補しようと……　アグネス氏は、2018年3月の香港立法会（議会）補欠選挙への立候補を届け出たが、政府は、彼女の所属する政党「香港衆志《しゅうし》」の党是である「民主自決」が香港基本法に抵触《ていしょく》するとし、出馬を認めなかった。

国に返還されたのだから、一国二制度といっても、きちんと、中国の国の一部に入るべきだ」という論点で攻《せ》めてくるとは思うんですけれども、そこに関しては、アグネスさんはどう考えられますか。その論点は、五十年たっても、結局、また出てくると思うんですよ。

アグネス・チョウ守護霊　だから、（中国には）民主主義がないんでしょ？　中国は、「中華《ちゅうか》人民共和国で民主主義の国だ」と、いちおう名乗《なの》っているんですよね。「民主だ」「人民だ」「同志だ」と、みんな言ってるわけ。「民主主義だ」と言ってる。でも、私たちが思ってる民主主義と違う。ねえ？　（彼らは）「こちらの民主主義、中国の民主主義が本物だ」と言ってる。

その民主主義を私なりに翻訳《ほんやく》したら、「おまえらバカは黙《だま》っとれ。共産党のエリートの偉《えら》い人だけが判断したら、そのとおりやったらええんだ」ということでしょう。日本で言えば、「昔のお代官《だいかん》さんが決めたことを、民百姓《たみひゃくしょう》はきけばいいんだ。

●中南海　北京市の中心部にある地区。中国共産党および政府の重要機関の所在地であり、要人の居住地。そこから、日本の永田町やアメリカのホワイトハウスと同様、党指導部または中国政府を指す言葉としても用いられる。

判断したら処刑するぞ」と、まあ、そんな感じだよね。

だから、「中国には、本当の意味での民主主義革命は起きていない。毛沢東《もうたくとう》革命は、明治維新のようなものではなかった」ということだね。

でも、みんな、騙《だま》されているというか、洗脳されてるから、「何とか説得したいけど、説得のしようがない感じ」っていうか。「権力が一元化すると、こんなに強いのか」っていうか。

香港の民主主義は今、中国の「皇帝《こうてい》の思想」からどう見えているか

アグネス・チョウ守護霊　いや、本当に、(中国の人たちは)「考えられない」んだろうと思うんですよ。「地位が偉い人の言うことはきくべきだ」と思ってるから。

中国的思想だと「皇帝《こうてい》の思想」だから。「民主主義」とかいう、「蟻《あり》みたいな人がいろいろな意見を言ったら、それに合わせて考えを変えなきゃいけない」っていうようなことが、理解できないんだと思うんですよね。

だから、民主主義が〝反乱の思想〟に見える。普通《ふつう》の民主主義が、反乱の思想に見えちゃうわけです。反乱、暴動に見えるわけ、民主主義がね。だから、「鎮圧《ちんあつ》による平和・平安のほうがいい」と考えているのね。

これは当然のことと思っている。中国の数千年の歴史は、この「暴動鎮圧の歴史」だったと思っているわけね。暴動が起きて、国が乱れては、誰かがそれを武力弾圧して鎮圧して、国をまとめたら、それが英雄《えいゆう》で、新しい王朝《おうちょう》が立ったりしてたからね。

だから、香港がイギリスから返還されたことで、ここで何か、地方からの暴動が起きて、これが波及《はきゅう》してくるのを怖《こわ》がっているわけよ。

中国の香港懐柔《かいじゅう》策の中身

アグネス・チョウ守護霊　むしろ、習近平《しゅうきんぺい》さんのほうは、「香港を、近くの広州《こうしゅう》（市）とか、ああした中国南部、マカオとか、そんなところと一緒にして経済繁栄《はんえい》をつくらせてやるから、黙って言うことをきけ」みたいな感じなんですけど。「その前に全権委任せよ」と、こういうことなんでしょ？　「香港の自由を全部返還せよ。われわれが新しい中華南部の経済圏《けん》をつくってやるから、全部任せろ」ということで、権限を取り上げようとしているんだと思う。

でも、「香港は香港。香港の自由は香港の自由」なので。ほかの中国が似たように発展しているように見えても、やっぱり、違うところはあるからね。

まあ、大変なんです。

中国の自由弾圧《だんあつ》が、日本にとって対岸《たいがん》の火事ではない理由

アグネス・チョウ守護霊　日本は、「対岸《たいがん》の火事だ」と思ってると思うけど、いずれ、火がついてきますよ。これ、「香港、台湾、日本」と来るから、順番に。考えを、早く（対策を）練っておく必要はあるよ。

大川紫央　日本の人たちは、「自由が奪《うば》われる」ということが、いったいどういうことなのかが、まだ、ぼんやりとしていて、おそらく、あまり分かっていないと思います。また、中国の独裁政治についても、それが本当はどんなものなのかが、まだ、ぼんやりとしか分かっていないところはあります。

アグネス・チョウ守護霊　だから、沖縄《おきなわ》の人とかにも、「中国圏に入ったほうがいい」とか思っている人もいるんでしょう？

大川紫央　ええ。

アグネス・チョウ守護霊　「アメリカ軍がいるということは、占領《せんりょう》されているんであって、これを追い出すことが自由だ」と思ってる人がいるんでしょう。

そのあと、もっと悪いものが来ることは、香港を見て分からなくちゃいけない。

イギリスが統治しなくなったら、来たものは、もっと悪いものだったんですね。台湾も経験あるけどね。日本軍がいなくなったら、中国本土から来たものは、もっと悪いものだったんですけど、香港はまさしく……。

だって、（沖縄では）「米軍がいなくなったら幸福になる」と思って、「飛行機が墜《お》ちない」とかね、「基地があったら攻撃《こうげき》の対象になる」とか、いろいろ言ってるけど、なくなったら来るものは、もっと悪いよ。

香港でそれを見ないと、分からない。香港を見ても分からないかもしれない。台湾が落ちないと、日本の人は分からないのかもしれないけど、危ないと思いますよ。

でも、私たちの言っていることについては、「学生が勉強もしないで暴《あば》れている」と思っているんじゃないですかね。

香港デモに参加後、不意を突《つ》いて日本に来た理由

大川紫央　アグネスさんは、これだけ顔を見せて行動していたら、もう確実に、今、

中国から〝ロックオン〟（目標捕捉《ほそく》）はされているでしょうから……。

アグネス・チョウ守護霊　それは、そうです。日本にも、中国人は、いっぱいいるからね。

大川紫央　最悪、●劉暁波《りゅうぎょうは》さんのような感じで、怖い目に遭《あ》う可能性もあるでしょうけれども、行動されていると思います。

アグネス・チョウ守護霊　うん。

大川紫央　今、香港では、実際に、みんなが革命を起こしているというか、デモをしているときに、アグネスさんは、わざわざ日本に来られています。それは、おそらく、世界に向けての発信もしようとされているので、かなり、計画的に行動はさ

●劉暁波（1955～2017）　中国の人権活動家、作家。天安門《てんあんもん》事件でハンストを決行し、反革命宣伝扇動《せんどう》罪で投獄《とうごく》される。釈放《しゃくほう》後も中国の民主化を訴え続けたが、国家政権転覆《てんぷく》扇動罪で再び投獄。服役《ふくえき》中にノーベル平和賞を受賞したが、2017年、肝臓ガンで死去。『中国民主化運動の旗手 劉暁波の霊言』（幸福の科学出版刊）参照。

れているのかなと思うんですけれども。

アグネス・チョウ守護霊　うん。まあ、でも、最大のデモのときは、私も一緒に……。

大川紫央　参加した？

アグネス・チョウ守護霊　参加して。そのあと……。

大川紫央　（日本に）来たんですよね？

アグネス・チョウ守護霊　だから、不意を突《つ》いたわけ。「（デモを）続ける」と思っているじゃないね？　向こうは。

大川紫央　ええ。

アグネス・チョウ守護霊　「続けている」と思っているときに、「最大のデモだけ参加して、そのあと抜《ぬ》け出して、日本に来た」なんて。まさか、「そんな早く抜ける」と思っていないから。「ずっとやる」と思っていたでしょうから。

だから、向こうの隙《すき》を突いて、国外脱出《だっしゅつ》して、日本に来たので。これも、まあ、兵法でしょうから。やっぱり、日本で、一生懸命《いっしょうけんめい》、言って回らないと分かってくれないから。

日本の政治家とマスコミは、なぜ何も言わない

大川紫央　やはり、世界に向けて、「言葉」で発信するというのは、すごく必要なことだと思うし、実際、発信はされていると思うんですが、潜在意識《せんざい》（守護霊）か

らの言葉として、何か伝えたいことがあれば。

アグネス・チョウ守護霊　安倍《あべ》さんはイランに行って、（香港について）何も言わないし、留守番してる人も何も言わないし、国会でも全然違う話をしてるみたいだから。

新聞の三面記事に小さく取り上げられるぐらいですよね。「暴動が起きて、デモになって、大騒動《おおそうどう》になっている」ってことは伝えてるけど、「価値判断がない」から、いいか悪いか、何も言わない。

（ニュースで）「催涙《さいるい》ガスが飛んでます」とか、「学生とかが、マスクしてます」とか、「顔を隠《かく》してます」とかね、そんなのばっかりやってるけど、それを判断する人がいないから。

だから、日本は、おそらく、景気の動向は……、選挙があるから、「中国を経済制裁する」なんて、とても言えないんだろうと思うけど。

でも、「アメリカ以外で頼《たよ》りになる」っていったら、もう、日本か、かつての(宗主国の)イギリスぐらいしかないんでね。このあたりが言ってくれないと、もはや、どこも言ってくれるところはないので。

ちょっと、幸福の科学の動きは、全部をつかめてないから私も分からないけれども。まあ、守護霊としては、「(幸福の科学は)ロシアの力も使おうとしているらしい」ということは知っているけれども。確かに、中国とロシアについては、分断《ぶんだん》作戦を今やろうとしてると思うけど。これは、確かにくっつかれると、中国は今の動きを正当化することになるし、ロシアも、ちょっと危ないところがあるから、そうなんだろうけど。

やっぱり、民主化して自由になる方向はいいと思うし、「中国の習近平さんや、あるいは北朝鮮《きたちょうせん》の金正恩《キムジョンウン》さんみたいな体制は幸福でないということを、もっとはっきり分かってほしい」と言ってほしい。

●ロシアの力も使おうとしている……　幸福の科学および幸福実現党は、中国や北朝鮮の軍事的脅威を国家間の連携で抑止するために、日本とロシアとの関係を強化すべく、「日露平和条約の早期締結」を訴えている。『「日露平和条約」を決断せよ』(幸福の科学出版刊)等参照。

「国家の統一」と「思想・言葉・通貨の統一」

大川紫央　アグネス・チョウさんは、一方で、「大学では北京語《ペキンご》（標準中国語）を習得し、単位を取るのに苦労している」というお話を、どこかで聞いたことがありまして。

アグネス・チョウ守護霊　うーん……、ちょっと抵抗あるからねえ。

大川紫央　ああ、やっぱりそうですよね。何か、「そのまま、国を取られるんじゃないか」と……。

アグネス・チョウ守護霊　だって、台湾も使ってるけど、北京語でみんな統一されたら、一つにするのに楽じゃない？　彼らはね。

大川紫央　ええ。

アグネス・チョウ守護霊　言葉が通じないほうが、(国を)取りにくいじゃないですか。ねえ?

日本も、そうだった。幕府の時代に、地方は方言をいっぱいつくって、隠密《おんみつ》が入らないようにしたでしょう?

大川紫央　ええ。

アグネス・チョウ守護霊　「薩摩《さつま》弁」とか「土佐《とさ》弁」とかつくって、江戸《えど》の人が来たって、すぐ分かってしまうようにしたんでしょう?　スパイが入るからね。

そうしないと……、こちらの言葉をしゃべってないと、北京語をしゃべってたら、スパイかどうか分からないからさ。それは、なるべく使いたくないし、できたら英語とかでやって話したり、日本語でもいいけど、ほかの言葉をなるべく使いたいし。台湾とかも、もう、北京語をいっぱい使ってるから、危ないなと思います。

大川紫央　中国の始皇帝は、国家を統一するに当たり、まず、言語を統一することから始めたとも言われていて……。

アグネス・チョウ守護霊　そうそうそう。「言語」とか、「通貨」とかね。

大川紫央　焚書坑儒《ふんしょこうじゅ》も、その一環《いっかん》の可能性もあるという説もあるようです。

アグネス・チョウ守護霊　「思想」もね。本を統一して、「これだけ読んでいいけど、あとは読むな」とかやれば、そうなりますね。

報道も一元管理できれば、価値観一つにすれば、そうなるから。だから、彼ら（北京政府）から見れば、われわれは「暴動」「反乱」「暴徒」なので。

暴徒が日本に行って泣きついたって、日本は知らぬ顔をしたら経済的に得するみたいな感じになってるから、悔《くや》しいね。香港を〝観光〟ぐらいにしか思ってないんでしょう。金融《きんゆう》取引先ぐらいにしか思ってないんだろうけど、ちょっと悔しい。

今の日本に対する印象は、「ちょっとだけ情けない感じ」

大川紫央　アニメ経由とはいえ、とても日本語がお上手《じょうず》ですね。日本にいらしたとき、ほとんど通訳もなく、自分で発信されていて。

アグネス・チョウ守護霊　でも、大変よ。やっぱり講演とかになると、それは大変、大変。訴えるだけ。

大川紫央　私たちは、大川隆法総裁先生のいろいろな教えを勉強することによって、認識力を広げることができているので、アグネスさんが日本に来て、そういう活動をし、日本を頼りにしてくださっているところを見て、すごくうれしいと感じるところもあるし、何とかお役に立てないかなと思ってはいるんですけど。

アグネス・チョウ守護霊　でも、日本は自衛隊を出すわけにいかないでしょう？

大川紫央　そうですね。

アグネス・チョウ守護霊　ねえ？　日本はそういうところが弱いでしょう？　で、香港に今出てるのは、警察の強いやつ、機動隊みたいなもので、（日本の）自衛隊なら勝てるけど、自衛隊を出せば、次、中国本土の軍隊との衝突《しょうとつ》になるからね。

だから、尖閣《せんかく》上陸を恐《おそ》れているんでしょう？　尖閣諸島をね。それより先に（日本が）香港で介入《かいにゅう》したら、むしろ逆に（中国が）〝脅《おど》し〟をかけてくるから。「千隻《せき》もの、漁船を装《よそお》った中国の人民解放軍が、尖閣に上陸してくる」みたいなのが怖いんでしょう？　報復がとっても怖いんでしょう？

それと、核《かく》兵器を持ってる国はみんな怖いんでしょう？　北方領土も、核兵器を持ってるロシアと戦争できるわけないのに、「返せ」とか言ってる。「いや、戦争するか」って言えば、（ロシアは）核兵器を持ってるから、できない。中国だって、「じゃあ、戦争するか」となったら、核兵器を持ってるから、できない。

だから、「アメリカが動くまで動かない」っていうことなんでしょう？　「アメリカが核の撃《う》ち合いをしてでも、自分の考えを通したい」っていうときだけ動くんでしょう？

でも、その日本、ちょっとだけ情けない感じがするなあ。

3 〝民主の女神《めがみ》〟の思想・信条

政治哲学者《てつがくしゃ》ハンナ・アレントの気持ちはよく分かる

大川紫央　守護霊様は、日本とご関係はあったりしますか。

アグネス・チョウ守護霊　うーん……。

大川紫央　日本というわけではない?

アグネス・チョウ守護霊　うーん……。日本《にっぽん》、うーん……。日本というより、たぶん、「民主主義」と関係があるんじゃないかなあ。

大川紫央　民主主義と関係がある？

アグネス・チョウ守護霊　うん、うん。

大川紫央　どういうことでしょうか。

髙橋　民主化に貢献《こうけん》してきた？

アグネス・チョウ守護霊　ヨーロッパの民主主義とか、古代の民主主義とかに関係があって、たぶん、いつも、独裁みたいなのが嫌《きら》い、かな。

大川紫央　独裁が嫌い？

アグネス・チョウ守護霊　うん。

髙橋　例えば？

アグネス・チョウ守護霊　ナチスみたいなの、嫌い。

大川紫央　ハンナ・アレント先生と一緒《いっしょ》ですね。

アグネス・チョウ守護霊　うん。ハンナ・アレント先生、知ってるよ。

大川紫央　そのものでは、ない？

●ハンナ・アレント（1906 ～ 1975）　政治学者・哲学者。ユダヤ系ドイツ人として生まれる。1933 年にナチス政権が成立したあと、パリに逃《のが》れ、1951 年、アメリカに帰化《きか》。同年、『全体主義の起源』を発表し、反ユダヤ主義と帝国主義に焦点を置いて、ナチズム、スターリニズムの根源を突き止めた。

アグネス・チョウ守護霊　ん？

大川紫央　過去世《かこぜ》でそういう経験をされた、ということではない？

アグネス・チョウ守護霊　うーん。（約七秒間の沈黙《ちんもく》）

ちょっとよく分からないけど。でも、気持ちはよく分かる。

「民主主義が大事だ」という思いが、魂《たましい》の底から湧《わ》いてくる

大川紫央　霊的《れいてき》人生観を学んでいる私たちから見ると、魂《たましい》的には、今回、使命として香港《ホンコン》に降り立った方なのかな、と思うんですけれども。

アグネス・チョウ守護霊　うーん、まあ、それは「生きてれば」の話ですから。

私が捕《つか》まって、そして、一歩、香港の境界線を越《こ》えて中国本土に入れば、私はも

う存在しないのと一緒です。ファントムです。幽霊《ゆうれい》です。ほんとに。だから、分からないです。

大川紫央　「民主主義が大事である」と思う理由は何かありますか。

アグネス・チョウ守護霊　何か、魂の底から、そんな感じがする。

大川紫央　アメリカであれば、最初のジョージ・ワシントン大統領は、「人間はみんな神の子であるから、神の下《もと》に平等であり、それに基《もと》づいて、大多数がいろいろと考えて決めたことは、正しい方向に行くだろう」ということで、民主主義ということをおっしゃっていると思うんですけれども、そういう面からいくと、なぜ民主主義を自分の魂は推《お》していると思われます？

アグネス・チョウ守護霊　うーん……。でも、共産主義だって、本来は、「平等」を言ってるじゃないですか。ねえ？　平等だったら、あなたのすることも、私のすることも、ほかの人のすることも、人間として一定の価値はあるはずですよね。

それが、もし、例えば、一人の人の意見で十四億人が統制されるとしたら、〝自動的に〟ヒットラーやムッソリーニやスターリンみたいな人に、やっぱりなっちゃいますよね。だって、好き嫌いあるもんね。人間、絶対にね。

だから、「好き嫌い」があって、意見が合わないこともあるけど、「共存《きょうぞん》すること」が大事なんですよね。

だから、一人の人に〝あれ〟したら……。まあ、一般《いっぱん》的に善人だと思われても、その人がずっと権力を持てば、必ず弾圧《だんあつ》される人が出てくる。たとえ一割の人であっても、粛清《しゅくせい》されたりしたら、やっぱり大変な悲劇になりますよね。中国の一割は一・四億人ですから。日本が一個なくなっちゃうぐらいですからね。

（中国共産党幹部は）分からないんだろうと思うけどね、きっと。自分らが洗脳されて、その洗脳に（合わせて）「百点を取る」ことが秀才《しゅうさい》だと思ってやってる人たちだから、分からないんだろうと思うけど。だから、この「自由である」ということと、「民主」ということが、バカが酒を飲んで暴《あば》れてるような感じにしか見えないんだろうと思う。

そういう人たちで、「上が言うことを、はい、そのままきく」っていう。だから、軍隊がそのまま政治をやってる状態なんだと思うんですよ。上官の命令を絶対きかなきゃいけない。だから、軍隊、戦争下では、たぶん、どこの国も似たような感じにはなるんだと思うけどね。

いや、それは戦争が起きることもあるけど、戦争のための戦争じゃなくて。やっぱり、「自由」とか「民主」とか「平和」とか「平等」とか、そういう価値を護《まも》るために戦いが起きることはあると思うけども、「戦いを続けること自体が、価値だ」みたいなのはおかしいと思いますし、「抑圧《よくあつ》さえしておけば、社会が安定して幸福だ」っていうのは、日本は江戸《えど》時代でたぶん経験したのかもしれないと思うけど、中国はまだ続いてるんですよ、それが。

大川紫央　確かに、江戸時代は、たとえバカな将軍であったとしても、その方を立ててやる体制でしたから。

アグネス・チョウ守護霊　そうでしょ？　民主主義では、それは普通《ふつう》は選ばれないですよね。

日本の天皇制は民主主義じゃないと思うけど、ただ、上に乗っている君主が政治的なことに介入《かいにゅう》しない、まあ、〝お飾《かざ》り〟と言っていいのかどうか知らないけど、「象徴《しょうちょう》」で過ごしてくださってるから、助かってるんでしょ？　あれで全権を振《ふ》るいたくなったら、危ないことになりましょうね。

大川紫央　第二次世界大戦、太平洋戦争までは、そうなりかけていたところがあったでしょうけれども、敗戦したために、より民主主義を享受《きょうじゅ》できるようにはなりましたね。

アグネス・チョウ守護霊の信仰《しんこう》の中身

大川紫央　ところで、神様は信じていらっしゃるんですか。

アグネス・チョウ守護霊　うん。それは信じてますよ。

大川紫央　何系の?

アグネス・チョウ守護霊　うーん。

大川紫央　魂的に、いちばんつながっている神様は?

アグネス・チョウ守護霊　（約五秒間の沈黙）まあ、イギリスの統治下が長かったから、印象的には、キリスト教的な感じでの神様を認識はしてるかもしれません。

大川紫央　なるほど。

アグネス・チョウ守護霊　でも、日本的なのも、ちょっと分かる。ちょっと分かる。うん。そっちも分かることは分かる。

でも、基本的に、その神様っていうのが、人々を愛してなきゃいけない。日本でも、キリスト教でも、愛してなきゃいけないと思うし、人々を救うために、自分の身を捨ててでも、やってくださる方々だと思う。

だから、私も、拙《つたな》い仕事だけど、ちょっとだけでもお役に立ちたい。

若い女性が体を張って大人を動かしたいが、悔《くや》しくて悔しくて……

アグネス・チョウ守護霊　今、「民主の女神《めがみ》」とか言われて、別に、いい気になっているわけではないんですけど、若い女性が体を張ってやっているように見えることが、やっぱり、大人たちを動かす力になったらいいなと思って。

たとえ、香港で年を取った財閥《ざいばつ》や政治系の偉《えら》い人が中国に歯向かったところで、どうせ勝てないのは分かっていますから、向こうのほうが確実に強いですから。だから、むしろ、何の権力もない人間がやることのほうが、インパクトが大きいんじゃないかなと思ってます。

で、日本へ来て、やっているけど、まだ、日本語がそんなに十分ではないんで、悔《くや》しくて、悔しくて。もっと講演ができるような立派な日本語を使えればいいんですけど、まだそこまで行かないんで。

アレント霊《れい》が「頑張《がんば》らなければ、香港《ホンコン》七百万人が収容」と

大川紫央　今、霊的《れいてき》に、どなたかからご指導を受けていたり、力を貸してもらったりしている人などはいますか。

アグネス・チョウ守護霊　さっきお話しくださったハンナ・アレント先生とかは来て、「あなたの考えていることは正しい」って言ってくださいます。

大川紫央　なるほど。

アグネス・チョウ守護霊　「ナチズムみたいになるから、これは頑張《がんば》らなくちゃいけない。やっぱり、意見を言わなきゃ駄目《だめ》なんだ」と。「ここで頑張らないと、あとはみんな丸めて、収容されるようになるよ」って。

たとえ七百万人であろうとも、あの十四億の中国から見たら、隔離《かくり》するぐらい、訳がないことなんで。

大川紫央　本当ですよね。第二のユダヤ人に……。

アグネス・チョウ守護霊　はい。だから、ゴビ砂漠《さばく》に連れていって、そこのなかへ入れてしまえば、もうそれで、香港、消滅《しょうめつ》しますから。そして、（香港へ）移民すればいいわけで、本土から。

大川紫央　日本は左翼《さよく》が強いと言われていますけれども、命の大切さを訴《うった》えるなら、今こそ、「ウイグルや香港の人たちが、今、こんなに戦っているのを言ってあげればいいのに」と思いますけどね。

中国の今後の香港《ホンコン》政策は――大量移住、別件逮捕《たいほ》、収容所

アグネス・チョウ守護霊　たぶん、今までのやり方から見れば、本土からの移民を増やして、香港《ホンコン》に半分ぐらいまで入れてくるやり方をして、香港の私たちのような活動家を次々と捕まえて、連れ去っていくみたいな感じにしていくんだろうなというふうに思います。

で、どこかに隔離所、強制収容所をつくって放り込《こ》む。放り込めば、もう何も言えなくなるから。

大川紫央　でも、そのための、今、準備の段階の法令のようなものですもんね。

アグネス・チョウ守護霊　そうですね。「逃亡《とうぼう》させないように引っ張っていく」っていうわけで、〝別件逮捕《たいほ》〟も可能なんです、これ。何かほかのもので、何かつけ

て、〝いちゃもん〟つけて連れていけるんですよ。

大川紫央　何とでも罪をつくり上げて、連れていけますものね。

アグネス・チョウ守護霊　つくれるんですよ。だって、公務執行妨害《しっこうぼうがい》みたいなものだったら、警官の方々にしたって、そうなりますからね。それとか、「物を盗《ぬす》んだ」とかね、もう、何でもやれますので、ええ。これはとっても危険。

日本は価値判断ができず、暖簾《のれん》に腕押《うでお》し

アグネス・チョウ守護霊　でも、日本の人に今、たぶん、力になってもらえないかな。来て話しているけど、やっぱり、みんなねえ、何て言うの？「暖簾《のれん》に腕押《うでお》し」「糠《ぬか》に釘《くぎ》」っていう感じ。もーう……。

大川紫央　日本全体的に、価値判断があまりできない感じですかね。

アグネス・チョウ守護霊　「悪い」って言ってくれないんですよ。

大川紫央　そう。何が悪いものかというのを明確に言えない感じです。

アグネス・チョウ守護霊　うーん。「だって、もう（香港は）中国になったんだから、中国がやりたいようにやるしかないでしょう」みたいな感じであっさりしていて。

大川紫央　あとは、「言わないほうが身を護《まも》れるんじゃないか」って。

アグネス・チョウ守護霊　いや、言うと、銀座《ぎんざ》に中国の買い物客が来ないと思ってるんでしょう。うーん。

大川紫央　うーん。そうですね。

アグネス・チョウ守護霊　日本人にとっては、香港人だか中国人だか、分からないからね。

大川紫央　でも、それでは、たぶん、日本はちょっと拝金主義的ですよね。

アグネス・チョウ守護霊　うん、ちょっと嫌《いや》だね。

大川紫央　ちょっと嫌な感じ……。

アグネス・チョウ守護霊　安倍《あべ》さんが〝観光で食っていこう〟としてらっしゃるから。それで、中国もそれを使ってるから、「金があるぞ」と見せて、いろんなところへ観光客を送り込んで、だんだんに、中国になびくようにしようとしているから。

幸福の科学も気をつけよ

アグネス・チョウ守護霊　ちょっと私一人で、幸福の科学さんとつながるだけの力がないから。お友達はいるんですよ。

大川紫央　うん。

アグネス・チョウ守護霊　何人か会ったりしているし、話しかけてくれる人とか、言ってくれる人はいっぱいいますけどね。

今も、気をつけないとね、そちら様も巻き添《ぞ》えを食うことはありますから、気をつけないといけないと思いますよ。

だから、幸福の科学も弾圧を受けたりする可能性がありますからね。それは気をつけたほうがいいので。やられますからね。うーん。善良な方はいっぱいいますし、本もいいことを言っていると思いますけどね。

できたら、香港市民の力で何とかしなきゃいけないと思っています。でも、応援《おうえん》のエールだけでも頂ければと思っています。

大川紫央・髙橋　はい。

4　香港《ホンコン》へのメッセージ――「私が今後どうなっても……」

「次々と、あとに続く人が出てきてほしい」と語るアグネス守護霊

髙橋　アグネス・チョウさんは、香港《ホンコン》の人たちにとって民主化の大きな希望のような存在になっていると思いますので、ぜひ、守護霊様から香港の人たちに何かメッセージなど、ございましたら……。

アグネス・チョウ守護霊　うーん。私は、たぶん、目立った動きをしていれば、そのうち数年以内に、それこそ、この条例で引っ張っていかれることになると思うんですけど。

先は分かりませんが、劉暁波《りゅうぎょうは》みたいになるかどうかは分からないけど、たとえ私

がどうなっても、次々と、あとに続く人が出てきてほしいなと思っています。私たちは、暴徒でも反乱軍でもないので。私たちは、「人間としての正当な権利」を要求しているだけだし、中国国内でその権利に目覚めてない人たちに、「こちらのほうが、あなたがたにとってもよい」ということを教えようとしているだけなんですけど、面積と人口が多いだけで威圧《いあつ》してくるので。

だから、中国本土の、あれは法治国家のつもりでいるんですけど、「法治国家」といっても価値観に問題があると思っているので。まあ、そのへんはちょっと難しいから、それは幸福の科学さんのほうから言ってもらったほうがいいのかもしれませんけど。

私はとにかく、別に、新しいものをつくるというところまでは行かないけど、少なくとも、「自由の広場を失いたくない」と思って。こんなに大きな中国なんだから、一カ所ぐらい、国際社会が自由に出入《ではい》りできて、情報交換《こうかん》できて、ビジネスができるところがあったほうが、中国本土にとっても有利だと、私は思うんですけどね。

そういう意味で、愛国心がないわけじゃないんですけどね。ちょっとこのへん、じれったいけど。

まあ、今回、（日本国内を）幾《いく》つか回っていますが、うーん、何か〝空気のなかで泳いでいる〟ような感じがします。

大川紫央　大変だとは思いますけれども、ぜひ……。

アグネス・チョウ守護霊　私のほうが力になることはほとんどないと思います。「あなたがたが何か力を貸してくれることはあっても、私があなたがたの力になることは、ほぼない」と思います。

大川紫央　でも、世界の人にとって、その戦っている姿からは、やはり、人にとっての自由の大切さとか、いろいろと学ばせていただくことは多いと思います。

アグネス・チョウ守護霊　ですから、ある日、突然《とつぜん》連れ去られることもあると思うんですが、そのあと何をされたかみたいなことを、私はもはや発表できなくなりますので、ええ。

大川紫央　うーん……。

アグネス・チョウ守護霊　まあ、そちら様で何かできることがあるなら、してくださればありがたいですが。

髙橋　はい。

みな顔を隠《かく》したら悪事であるかに思われるので、私が出す

アグネス・チョウ守護霊　私……、「シンボル」といっても、私を使ってできるようなことは、もう、ほとんどありませんので。私が顔を出すということは、みんな、カモフラージュに私を使っているだけで。みんな顔を隠《かく》してたら、悪いことをしているようにしか見えないじゃないですか。みんなで覆面《ふくめん》したり……。

大川紫央　マスクしたりしていますからね。

アグネス・チョウ守護霊　黒いマスクしたら、ねえ？　強盗《ごうとう》でもしているようにしか見えないから、顔を出す人が要《い》るんですよ。そのために出しているんで。リスクを張っています。

でも、うーん、まあ、お願いするしかない。私たちだけの力では無理なので、お

願いするしかないので。もし、思想的に共鳴《きょうめい》できるところがあるなら、お願いしたいと思っています。

大川紫央　まことにありがとうございました。

髙橋　ありがとうございました。

第2章　ロウハニ大統領守護霊《しゅごれい》の霊言《れいげん》

二〇一九年六月十三日　収録
大阪《おおさか》府にて

ハサン・ロウハニ（一九四八〜）

イランの政治家。イスラム教シーア派の聖職者。テヘラン大学卒業後、イギリスのグラスゴー・カレドニアン大学に留学し、博士号を取得。イラン革命後に海外から帰国し、イラン・イラク戦争に参加、高等国防委員会委員、イラン空軍司令官、イラン国軍副司令官を歴任する。穏健《おんけん》派のラフサンジャニ元大統領の側近として知られ、二〇〇三〜〇五年には核交渉《かくこうしょう》責任者を務める。二〇一三年、大統領選で過半数の票を獲得《かくとく》し、大統領に就任。

質問者

神武《じんむ》桜子《さくらこ》（幸福の科学常務理事 兼《けん》 宗務《しゅうむ》本部第一秘書局長）

大川《おおかわ》紫央《しお》（幸福の科学総裁補佐《ほさ》）

［質問順。役職は収録時点のもの］

1　イラン首脳の本音に迫《せま》る

大川隆法　本日は二〇一九年六月十三日、場所は夜の大阪《おおさか》です。安倍《あべ》首相がイランに行って、昨日《きのう》、大統領のロウハニ師と、今朝《けさ》、最高指導者のハメネイ師と会談しています。私は、この二人の守護霊《しゅごれい》と霊的に話をすることはできますので、イランのほうの本音を訊《き》いてみたいと思います。

まずは、イランのロウハニ大統領の守護霊よ、安倍首相と会談されたと思いますが、どうぞ、降りてきて、お話をしてください。お願いします。

（約五秒間の沈黙《ちんもく》）

2　政治から宗教を追い出そうとするアメリカの狙《ねら》い

「はっきり言えば、トランプは信用できない」

ロウハニ大統領守護霊　ロウハニです。ロウハニです。

神武　こんばんは。

ロウハニ大統領守護霊　こんばんは。

神武　日本の安倍《あべ》首相と会談をされましたけれども……。

安倍首相との会談後、共同記者発表に臨むイランのロウハニ大統領（6月12日、イラン・テヘラン）。

ロウハニ大統領守護霊　しましたよ。はい、うん。

神武　まずはその感想をお教えいただけますでしょうか。

ロウハニ大統領守護霊　うーん。それは、来てくれたのはありがたいことですけども、基本的に「トランプさんの使い」ですからね。まあ、分かってることですけど、日米関係のほうを重視されるだろうから、今、日本も経済制裁をかけてるのでね。イランの原油を輸入停止してますからね。そのへんの緊張《きんちょう》関係は解くようにということで話をしているんですが。

大統領としては、まあ、はっきり言えばね、アメリカのトランプはねえ、信用できないんですよ。やっぱり、世間《せけん》が言ってるように〝マッド・ドッグ〟だと思いますよ。ええ、狂《くる》っとるわ。だから、まともに相手はしてられない。

いきなりね、第五艦隊《かんたい》か何か知らんけど、そんなものを送ってきて攻撃《こうげき》する姿勢を見せるなんていうのは、こんなので宗教をやってるとは言えませんよ。これ、まったく論外《ろんがい》ですね。まあ、常軌《じょうき》を逸《いっ》しているというか、精神的な平衡《へいこう》感覚を失っています。

こういうのは、「アメリカの没落《ぼつらく》」の引き金を引くしかないでしょうね。アメリカは、もう、これから衰退《すいたい》の一途《いっと》でしょう。うーん。そう思いますよ。

トランプは民主主義下で「売名のためにスタンドプレーをしている」

神武　今回、日本の安倍首相には、具体的にはどういったところを期待されているのでしょうか。

ロウハニ大統領守護霊　まあ、それは、顔はちょっと立てなきゃいけないからねえ。顔は立てなきゃいけないから、聞いたような対応はしましたがね。

それは、「核《かく》については、そんなに積極的ではない」という感じを示したのと、

「平和を望んでいる」ということは言ったし、「戦争を望んでいるわけではない」ということを言ったし、「経済制裁等は不当なものだから、早めに解除してもらいたい」ということで、「日本からまず、そのへんを緩《ゆる》めてもらいたい」ということと、「トランプ氏をよく説得してほしい」ということ。

だからね、民主主義もいいんだけど、ああいうスタンドプレイヤーを生むんでね、迷惑《めいわく》なんですよ。もうちょっと、国政の統一性を維持《いじ》してもらわないと困るんですよ。

自分の売名行為《こうい》や再選のために、こう、いろいろと変わったことをしたがる人はねえ、何億、何十億の人々の人命がかかってる立場では困るんですよ。

まあ、私は、心よりアメリカの衰退を願ってますよ。

人口八百万人のイスラエルには核《かく》開発を許して、なぜイランには？

神武　アメリカのトランプ大統領としては、イランの核《かく》開発をやめさせたいというのが、強い思いとしてあると思うんですけれども。

ロウハニ大統領守護霊　それが正しいと思いますか?　イスラエルには核開発を許していいるんですよ。

神武　そうですね。そうやって……。

ロウハニ大統領守護霊　人口八百万ぐらいのイスラエル。世界のかき集めても千五百万ぐらいしかいないイスラエル、ユダヤ人。

こんなの、八百万ぐらいのものが、戦後、勝手に人の土地に入ってきた入植者《にゅうしょくしゃ》ですよ。入植者である、わずか数十年の歴史しかないイスラエルがねえ、まあ、はっきりとは分からないけども、少なくとも数十発は間違《まちが》いなく核兵器を持っていますよ。ねえ。うーん。

そして、イスラエルと向き合っている、中東の周《まわ》りのイスラムの国々は、「非核」の約束をさせようとしているわけですよ。「核武装しようとするなら攻撃する」というのが、今、アメリカの第五艦隊が来ている理由ですよね。核武装の兆候《ちょうこう》を見せたら攻撃するということで、まあ、われわれも〝北朝鮮扱《きたちょうせんあつか》い〟されているということですが。

十六億人のイスラム教は、二十億人のキリスト教をもう少しで超《こ》える

ロウハニ大統領守護霊　われわれイスラム教はね、今、世界で十六億から十八億へ向かっているんですよ。キリスト教は二十億から二十二億って言っているけど、追いかけて、もうちょっとで〝引っ繰《く》り返る〟んですよ。イスラム教のほうが多くなるんですよ。もう、あと十年するかしないかのうちに。

だから、世界の大宗教、二大宗教で、逆転する寸前まで来ているんですよ。だから、北朝鮮扱いされなければいけない理由はないんですよ。

われわれから見れば、北朝鮮扱いされるべきはイスラエルなんですよ。あんな国、なくてもいいものをつくらせて、欧米《おうべい》、特に英・仏・アメリカの協力でつくって、「ドイツ憎《にく》し」のあまり、(国を) つくってくれたけど、それならねえ、イギリスかアメリカの砂漠《さばく》がいっぱいあるんだから、あっちにつくりゃあいいですよ。ねえ？ だったら問題ないですよ。自分らでかわいがればいいんで。ただ、こちらの中東につくられたらね、〝喧嘩《けんか》になる〟に決まっているじゃないですか。

入ってきても、彼らを抹殺《まっさつ》したいとまで言わないですよ。いてもいいですけどね、「新参者《しんざんもの》なんだから、礼儀《れいぎ》を守って、おとなしくやれ」ということですよ。

大川紫央　はい。

ロウハニ大統領守護霊　だから、あとから来てねえ、中東全体に対して、アメリカの後ろ盾《だて》で、核兵器（使用）も辞さないような威嚇《いかく》をしておってね。そして、それに対する対抗《たいこう》をしようとすれば、もう石油は売らせないとか、（アメリカが）第五艦隊を送ってくるとかね、まあ、こんなことをやるわけですよ。

ヒットラーがやったことは、それはねえ、人道上《じんどう》、許しがたいことではあると思うけども、ヒットラーだけが問題なわけじゃなくて、千九百年間、国がなかったことが問題なわけですよ。

だから、「千九百年間、国を維持できず、ユダヤの神を信じている人が世界各地に散らばっていたのを、どうすることもできなかった彼らの〝全智全能《ぜんちぜんのう》の神〟っていうのは何なんだ」ということを考えるべきであるし。

キリスト教徒は、ユダヤ教徒にそんなに優《やさ》しくする理由はないわけで。〝イエスを処刑《しょけい》した人〟ですからね。

イスラム教は、イエスを預言者《よげんしゃ》としては認めているわけですから。ムハンマドの前の預言者としては認めているわけで。だけど、ユダヤ教は……、まあ、最近は、ちょっとは天使ぐらいかと認めているのかもしらんけども、救世主としては認めていないわけでないですからねえ。

だから、われわれのイスラム教は、キリスト教なんかも兄弟宗教として受け入れているものですからね。

そういう理解が十分になくて、アメリカの大統領が、根底においては「イスラム教は悪魔《あくま》の宗教だ」と思っているんだと思うんですよ。

だから、これに対してはねえ、やっぱり、「間違っている」ということを誰《だれ》かが言わなければいけないので、日本の立場としてはちゃんと宗教仲裁《ちゅうさい》まで入らないと駄目《だめ》だと思うんですよ。「戦争か、あるいは経済的な制裁か」みたいな話だけでは駄目で、そのへんが安倍さんの任を超《こ》えているのでね。やっぱり駄目ですね。

アメリカは、大戦後に日本から宗教を奪《うば》ったように、イランに対しても

大川紫央　今、日本は、宗教性が著《いちじる》しく乏《とぼ》しいので。

ロウハニ大統領守護霊　そんなことはないですよ。日本には宗教性がありますよ。ありますけどね、それを、現実世界のなかで投影《とうえい》しようとしてないだけで、宗教性はありますよ。ありますがねえ、それを、現実世界のなかでは、欧米の皮相《ひそう》な表向きの科学や学問をすくって、それだけを表面上取ってやっているだけですよ。

本当は、宗教性、日本人にはありますよ。われわれはそれを知っている。日本人には宗教性があります。だから、その「強い日本」、「宗教心のある日本」を信じたいし、日本神道《しんとう》とイスラム教は似ているところがあるので。「祭政一致《さいせいいっち》」でしょう？　一緒《いっしょ》なんですよ。基本的には一緒なんですよ。だけど、先の戦争で負けたから、そこのところが、今、日本もグシャグシャになって、「立て直し」が必要になっているところですよ。

同じように、イスラム教のほうも潰《つぶ》して、グシャグシャにしたいだろうと思うんですよ。祭政一致だから破りたいと思っているんですよ。歴代のアメリカの大統領が狙《ねら》っているのは、実は、「政治から宗教を追い出して、分離《ぶんり》して、そして、ただの投票の数による民主主義に変えたい」ということなんですよ。

まあ、それでもいいけどね、やっぱり、信仰《しんこう》なくしての民主主義はよくないですよ。彼らの民主主義は、雑多的信仰に基《もと》づく民主主義ですから。われわれの信仰は、もうちょっと純粋《じゅんすい》で硬派《こうは》なものですから。

3 「神の意志」と「アメリカの狙《ねら》い」

ユダヤ教の神が全智全能《ぜんちぜんのう》なら、紀元七〇年から後《のち》の「千九百年間」、何を？

神武　今の中東における混乱の原因は、第二次世界大戦後のイスラエルの建国……。

ロウハニ大統領守護霊　イスラエルですよ。イスラエルですよ。どう見たって。

神武　はい。

ロウハニ大統領守護霊　だから、先の大戦で、嘘《うそ》か本当か、ホロコーストで六百万人が殺されたっていうの？　うーん、それはかわいそうですよ。裸《はだか》にされてね、全財産を取り上げられて、ガス室で殺されたっていうの。まあ、実数でそれだけ殺されたら、「国ぐらいつくってやりたい」という気持ちを持つことは分かりますよ。分かりますけどね、でも、千九百年前になくなっているんですよ、この国は。

イエスを処刑《しょけい》したのを紀元三〇年ごろと推定すると、紀元七〇年前後で国が攻《せ》め滅《ほろ》ぼされているんですよ、四十年後に。当然でしょうね。救世主として生まれていた方が殺された国は滅びる。そんなの当たり前のことじゃないですか。そのあとですね、千九百年間、国がなかったんですよ。

「全智全能《ぜんちぜんのう》の神」だったら、その間、何をしていたんですか。その間にしたことは、何のことはない、イスラム教をつくったんでしょ?

キリスト教は、そのあともローマで殉教《じゅんきょう》をいっぱい繰《く》り返していましたけどね。イスラエルを追われてね、ローマのほうで地下活動をやってたけど、マニ教なんかも流行《はや》ってきてね、「こんなのでは駄目《だめ》だ」ということで、イスラム教が流行《はや》って広がっていって、できてきたわけですよ。

これは「神の意志」のはずですよ。「神の意志」は、すでにユダヤ教を離《はな》れていたはずなんですよ。ユダヤ教の再興なんか考えてなかったはずなんで。

中東にユダヤ人の国をつくらず、米ネバダあたりにつくればいい

ロウハニ大統領守護霊　だから、ヒットラーのそれは、残虐《ざんぎゃく》な行為《こうい》は「非道」だとは思うけども、それはそれで、かといって、こんなふうに中東に〝戦争の種〟をまくんだったら、それこそ、ネバダ砂漠《さばく》にでも水道だけ引いてやって、あそこに共和国をつくればよかったのに。何の問題もない。ロッキー山脈のなかでも構わない。問題ないですよ。

だけど、中東に置かれたら、それは喧嘩《けんか》をするに決まってるし、それだけだったらいいけど、また欧米《おうべい》が「金融《きんゆう》」と「軍事」の面で協力しているからねえ。

イスラエルはＦ35（戦闘機）を持っているんですよ。日本が今、買おうとしてるやつを、日本より先にイスラエルがもう持っているんです、とっくの昔に。アメリ

カはイスラエルのほうに梃子《てこ》入れしているんで、日本のほうをまだ用心してて、最近、トランプさんのころになって、やっと大量に売ろうとしてるけど、同盟国として、それまでは日本にもあんまり売ろうとしなかった。もっと旧型機を売って、イスラエルのほうにはもうF35を売っていた。これはステルス性のある戦闘機《せんとうき》でね。だから、イラン攻撃《こうげき》をするには、あと、空中給油機のところだけが問題。往復できる燃料があるかどうかのところだけ問題で、これを空中給油機でやろうとしているんですけども。これ、われわれとしては、それを放置してたら、いずれやられるだろうとは思ってますよ。

だから、あんな国が（実質では）世界四位ぐらいの軍事大国になっているわけで、〝巨大《きょだい》な北朝鮮《きたちょうせん》〟ですよ、はっきり言えば。

「イスラム教は悪魔《あくま》の国」と言うが、「キリストを葬《ほうむ》ったのはユダヤ教徒」

ロウハニ大統領守護霊　宗教的理由により、アメリカの歴代大統領は、「イスラム教は悪魔《あくま》の教え」だと思っているから、あちらの応援《おうえん》をしようとしてるんだけどね。だけど、キリストを葬《ほうむ》ったのは向こうなんであって、われわれじゃない。

そのあと、ローマのほうに逃《に》げてきたキリスト教が広がって、われわれは十字軍との戦いを何度もやった。イギリスから攻めてきましたよ、こちらまでね。ユダヤのほうまで攻めてきていたのと、大きくは三回戦ぐらいやっているはずですから。「聖地争い」をずっとしてたところ、その「聖地争い」をしていたエルサレムに（トランプ氏は）アメリカ大使館を移したわね。それをやってる。

それから、イスラエルは、〝中間地帯〟っていうか、まだ国境のはっきりしてないゴラン高原とか、あんなところまで制圧してね、このへんのパレスチナの人たちは、今、実質上、「国がない状態」になってますよね。だから、事実上、制圧されている状態。（イスラエルは）本当はもっともっと取りたい気持ちはあるけど、周りを見ながらやってるところですけどね。

イスラムの人たちは、「インティファーダ」っていって、ねえ？　石投げたりして抵抗《ていこう》してるんですけど、向こうはＦ35を持って、また弾道《だんどう》ミサイルまで持ってるんですよ、核《かく》兵器で。

それはねえ、われわれの気持ちから言やあ、誰《だれ》かが勇気を持って対抗しなきゃいけないと思っているわけ。

でも、「イラクが大量破壊《はかい》兵器を持っている」と言って攻撃してみても、なかったんでしょ？

神武　はい。

ロウハニ大統領守護霊　だから、国一つ潰《つぶ》されちゃったのよ。あれはスンニ派ですよ。で、今度はシーア派の巨頭《きょとう》であるイランを潰そうと狙《ねら》ってるわけですよ。

これねえ、やっぱり、もう戦略的にイスラム教を潰すつもりでいるんだと思うんで。何でも理由をつけてくるからね。だから、そのへんはあんまり戦闘的に見ると難しいんだけど。

中国・北朝鮮《きたちょうせん》・ロシアとのつながりの実態は

神武　そういったなか、（イランは）核開発等をされているのかなと思うのですが、同時に中国・北朝鮮《きたちょうせん》とのつながりもあるのではないかと言われています。

ロウハニ大統領守護霊　いや、もちろん、北朝鮮やロシアからも「核技術」援助は来てますよ。それは来てますよ。当然でしょうから。彼らだって〝潜在《せんざい》的な冷戦〟をやってますからね。中国も、まあ、間接的には協力してるかもしれませんけどね。来てますよ。それはね、来てます。

だから、「アメリカの凋落《ちょうらく》」をみんなで待ってる状態ですけどね。

神武　では、反米でつながっているのでしょうか。

ロウハニ大統領守護霊　だって、次は、彼らもやられるからね。ほかのところが簡単にやられるようだったら、やられるだろうからね。

だけどねえ、百パーセントとは言わないけど、まあ、九十九パーセント、イスラム教で神を信じる完全な祭政一致《さいせいいっち》の国があるわけですから。これに核ミサイルをぶち込《こ》むとかね、こういうのはちょっとね、神に対する反逆行為ですよ。うん。

中国はアメリカと拮抗《きっこう》してくれればありがたい

神武　今、ほかに、アメリカと大きく対立している国には中国もあります。

中国は「一帯一路《いったいいちろ》構想」で、中東のイスラム世界も取り込もうとしていると思いますが、中国に対しては、どのようにお考えでしょうか。

ロウハニ大統領守護霊　それは、アメリカが「石油を売らせない」って言って、

「中国が買ってくれる」んなら、それはありがたいですよね。向こうはいくらでもニーズがありますからね。それはありがたいですから。アメリカとしっかり拮抗《きっこう》してくれればいいと思いますけどね、ええ。

大川紫央　今、ウイグル族などのイスラム教徒の人たちも中国の洗脳教育を受け、棄教《ききょう》させられたりしていると思うんですけれども、そのあたりの中国の体制についてはどう考えていらっしゃるのですか。

ロウハニ大統領守護霊　まあ、これは中国国内だから、今のところは、それはもう救いようがないですよね、ええ。

で、われわれは艦隊《かんたい》も持ってないし、陸上軍で行くわけにもいかないし、長距離《ちょうきょり》爆撃機《ばくげきき》も持ってないので、それは救いようがない。

まあ、国際世論《せろん》が見放してるのなら、もうどうしようもない。だから、そのなかで潜伏《せんぷく》して生き延びるしかないでしょうけどね。

イスラムは「平和」なんですよ。基本的には「平和」の教えなんで。だから、取られたんで。チベットの仏教と一緒《いっしょ》ですよ。取られてから抵抗してるけど、まあ、敵《かな》わないですよね。どうしたって敵わないんで、ええ。

まあ……、悲惨《ひさん》だと思いますよ。悲惨だと思うけど、今、イスラム教の諸国はもうほとんど見放してる状況《じょうきょう》で、彼らのために戦争を拡大するようなことはできないという感じかな。

中国は「消費国」だからねえ。だから、まあ、将来、アメリカがこういうことをする場合の安全弁として、やっぱり、確保しとかなきゃいけないから。

日本だって、日米同盟のためにアメリカにつくから、いつ、われわれを見捨てるかは分かりませんからね。

まあ、安倍《あべ》さんが来たのはいいことだけど、ただメッセンジャーとして、〝伝書《でんしょ》鳩《ばと》〟として来ただけだったら、意味はないよね。

先の大戦で日本が勝てば、中東はこうなっていなかった

大川紫央　本当は、日本には、どういうことをしてもらいたかったのでしょうか。

ロウハニ大統領守護霊　うん、先の大戦で、アメリカにちゃんと勝ってほしかったね。

大川紫央　（苦笑）そこまで戻《もど》りますか。

ロウハニ大統領守護霊　勝ってくれていたら、われわれはこんな目に遭《あ》ってないから。勝ってもらいたかった。残念です。

日本が「神国日本」だったら、話し合いは、われわれはできると思ってる。勝ってほしかった。アジアの盟主《めいしゅ》であるべきですよ。勝ってほしかったね。

まあ、今、無神論の中国が広がってることも問題だとは思ってますよ。もちろんね。それは、よくないことだから、何とか次の伝道を考えなきゃいけないとは思っていますが、距離的に見たら、われわれよりも、当然、日本がやるべきだと思う。

大川紫央　はい。

ロウハニ大統領守護霊　先の戦争を経験して、中国は日本神道《しんとう》で治めることができたはずですから。全中国を押《お》さえていたんだから。

アメリカに負けたのが問題だったんでしょ？　それが、ほとんど油の問題だったんでしょ？　だから、われわれがたくさん持っているもの、これがあれば日本は戦えた。ねえ？　ちょっとこのへんのところが残念だね。

安倍《あべ》首相のイラン訪問時のタンカー攻撃《こうげき》の真相

大川紫央　今回、ホルムズ海峡《かいきょう》で日本のタンカーが攻撃《こうげき》を受けましたが……。

ロウハニ大統領守護霊　それはわれわれの意図でやってるわけではないけれども、まあ、何か考えてる人はいるかもしれませんね。徒党とか、グループとか、そういうものはあると思うんですよね。

だから、日本みたいに「非武装中立」風に見えるところは、ちょっとねえ、やはり、刺激《しげき》してやって、実際の戦争っていうのはどんなものか、知ってもらいたいっていう人はいるでしょうね。

まあ、いろんなグループはあるから。イスラムでも「右」から「左」まであるので、ええ。

それに、このへんは海賊《かいぞく》もいっぱい出ますからね。

大川紫央　なるほど。

米外交戦略の目茶苦茶《めちゃくちゃ》なあり方、理不尽《りふじん》さを指摘《してき》する

神武　イスラム世界でもいろんな考え方があって、今、イランは反米の旗手《きしゅ》を担《にな》っていると思うのですが、一方で、サウジアラビアのような親米の国々もあります。

ロウハニ大統領守護霊　サウジアラビアはちょっと〝ギルティ（有罪）〟です。だから、先の……、イラクは国ごと潰されましたけどね。占領《せんりょう》されちゃいましたけども。で、サダム・フセインも、ああいう結果になりましたけど。でも、最終的には、決着は、アフガニスタンに潜《ひそ》んでいたオサマ・ビン・ラディンだったんでしょ？

大川紫央　はい。

ロウハニ大統領守護霊　あれは、サウジアラビアの王族系につながりのある大金持ちの人ですよね？

あれが、実は糸を引いていて、アメリカと仲良くやってるなかでテロを起こしたんであって。「サウジアラビアを攻撃しなきゃいけないのを、イラクを攻撃した」んですからね。そして、「アフガンも攻撃した」よね。

だから、アメリカがやることっていうのは目茶苦茶《めちゃくちゃ》なんで。実は、「サウジと戦うべきところを、イラクを潰して、アフガニスタンまで攻撃してしまった」っていう。「次、イランに来る」っていうのはもう……。

彼らが、そういう間違《まちが》いを犯《おか》すのはしょっちゅうのことなんで。トランプ大統領と話して決着がつくなんて、まったく思ってもいませんよ。あれは、もう全然駄目だろうと思いますよ。〝キレる〟だけだから、きっとねえ。

大川紫央　やはり、トランプ大統領も「イスラエルに肩入《かたい》れしすぎ」ということでしょうか。

ロウハニ大統領守護霊　行きすぎてる。

大川紫央　「行きすぎている」ということなんですか。

ロウハニ大統領守護霊　だから、それは、（トランプ大統領の）娘婿《むすめむこ》が（ユダヤ教徒で）……。いや、私たちだって、それだったら言う権利があったから。「そういうのと結婚《けっこん》しないでくれ」って、やっぱり言いたかったわね、大統領になるんだったら。

大川紫央　なるほど。そこでイスラエルだけに核武装をされても、それは、周りの国は困るでしょう。

ロウハニ大統領守護霊　でしょう？　だから、公平に見りゃあ、イスラエルの核武装は解除してほしいでしょう？　通常兵器だけにしていただきたい。

大川紫央　イランにも武装解除を求めるなら、ですね。

ロウハニ大統領守護霊　うん。日本は核武装してないのにイスラエルが核武装するって、どういうことですか。それは、周りのイスラム諸国を脅《おど》すということでしょ？　そういうことでしょ？　だって、エジプトからあのサウジまで、それは、核兵器はないから、どこも。

だから、イラクだって、「大量破壊兵器を持っている」と言って、国連が入って調べたって、まったくなかったんでしょ？　その状態でも攻撃してやるぐらいですからねえ。

あちら（イスラエル）は完全に武装してますから、ほんとに。だから、航続距離さえ延《の》ばせば、完全に日帰りでイランを爆撃できますから。長距離爆撃機を入手すれば、おそらく完全に可能ですから。

これで、欧米が向こうの味方をするんだったら、われわれには、もう勝ち目はないですから。ほんとに、このままでは。

北朝鮮みたいに密《ひそ》かに核武装を進めるというのなら、まあ、どっかでやらなきゃいけない。それは、シリアだって疑われるし。シリアだって、ロシアからも核兵器が入りかねないしね。まあ、分からないですよなあ。

確かに、北朝鮮からだって売り込みには来てましたよ、そのとおり。

4　日本とイスラム教国との霊的《れいてき》なつながり

アッラーが、地球神「エル・カンターレ」であることは分かっている

大川紫央　話が変わってしまうんですけれども、とても日本語がお上手《じょうず》なのは、何か意味はありますか。

ロウハニ大統領守護霊　うん。だから、「日本神道《しんとう》」と「イスラム教」は同根だということですよ。

大川紫央　過去、日本にも関係があられる？

ロウハニ大統領守護霊　（日本が）「過去、高度な文明を持っていた」というのは、それはそうですよ。

大川紫央　守護霊様は日本に生まれたこともあられる？

ロウハニ大統領守護霊　日本なんて、そういうものは超越《ちょうえつ》して、われわれは唯一《ゆいいつ》の弟子《でし》なので。

神武　弟子？

ロウハニ大統領守護霊　うん。

大川紫央　（大川隆法）先生の？

ロウハニ大統領守護霊　エル・カンターレの弟子ですから、私たちは。

大川紫央　あっ、そうなんですね。エル・カンターレをご存じなんですね。

ロウハニ大統領守護霊　ああ、知ってますよ。

大川紫央　おお。

ロウハニ大統領守護霊　私よりももっと上にいる人が、もっとそうですけど。ハメネイ師ね。

われわれはエル・カンターレの弟子ですから、護《まも》っていただきたい。

大川紫央　アッラーがエル・カンターレにつながっていることは分かっていますか。

ロウハニ大統領守護霊　分かってます。分かってます。分かってますよ。だって、十数世紀、指導していただいてるんですから。分かってますよ、それは。

イエスを殺したユダヤ人、責任があるが反省していない

大川紫央　そういう意味では、キリスト教に対しても理解はちゃんとおありになるということですか。

ロウハニ大統領守護霊　ありますよ。だから、イエスを殺したことに対する責任はやっぱりあると思ってますから。

大川紫央　ユダヤ人のほうに？

ロウハニ大統領守護霊　反省すべきですよ。絶対。まだ反省してないんだから。

大川紫央　トランプ大統領（守護霊）も、いちおうエル・カンターレのことを知っていると思うんですけどね。

ロウハニ大統領守護霊　まあ、知ってるかもしらんけど、でも、ユダヤが反省してないことに対して……。だから、ヒットラーを悪く言うけど、あれ、（ユダヤを）反省させた面もあるからね。カルマの刈《か》り取り？

大川紫央　まあ、ヒットラーは霊言《れいげん》でそう言ってはいましたね。

●ヒットラーは霊言で……　『国家社会主義とは何か』（幸福の科学出版刊）第1章参照。

ロウハニ大統領守護霊　イエスを殺したとき、「血の呪《のろ》いはわれらの上に、子孫《しそん》の上に」とユダヤ人が言ってるから、そのとおり、千何百年たって、ヒットラーがやってくれたんでしょうから。

まあ、残忍《ざんにん》であるとは思うけれども、でも、あのままではいけないわね。キリスト教が消えてしまったなら、それでもいいけど、今、世界に広がっているなら、それはいかんでしょう。やっぱり。

あそこは、ユダヤ教は消滅《しょうめつ》してキリスト教になるべきだったでしょうね、本来は。

今、神の教えが説かれているなら、アラビア語で出してほしい

大川紫央　アメリカをはじめとする西洋諸国からすると、「イスラム教国の問題として、マララさんのような問題とか、まだ石打《いしう》ちの刑《けい》があるとか、近代化されていないのではないかと思われるところがある」という部分が、もしかしたら対立点になっていて、向こう側から「何とかしなければいけない」と思われている面もある

●マララ・ユスフザイ（1997 ～）　パキスタン出身の女性で、中学生のときにイスラム過激派武装組織から銃撃を受けて負傷するも、女性差別の撤廃や平和を訴える活動を続け、2014 年、史上最年少の 17 歳でノーベル平和賞を受賞した。

かもしれないですよね?

ロウハニ大統領守護霊　厳格に神の教えを守っているんでね。確かに、千何百年たったから、それは変わってるかもしれないので。あなたがたは霊言?『コーラン』と同じように霊言集を出しているんだろうけど、われわれに対する教えはまだ非常に少ないわね。

だから、われわれに対して神の教えがあるなら、ちゃんとアラビア語で出してくださいよ。現代のアッラーは、どう考えているのか。あるなら……。「ここは変更《へんこう》点《てん》。こういうことは許していいけど」とか。

ただ、われわれはアッラーの教えに基《もと》づいて、やっぱり「同性愛」とかは認めないので。キリスト教国はみんな続々と認めていって、同性愛を迫害《はくがい》したことに対して一生懸命《いっしょうけんめい》、謝ったりしてるでしょう? でも、たぶん、これは本当は神の意志じゃないんじゃないかと私は思ってる。

イスラム教でも、そういうことは許されてないし、仏教でも許されてないし、古代の宗教でも許されてないので。ソドムとゴモラですから、これは完全に。だから、そんなのを許してるはずがないので。

大川紫央　ただ、アッラーは、たぶん死刑までは思っておられないと思います（注。『コーラン』では石打ちの刑が述べられている）。

ロウハニ大統領守護霊　しかも、（キリスト教国は）今度は、「『イスラム教徒が妻を四人まで持っていい』というのは悪魔《あくま》の教えだ」と思っているんでしょ？　みんなね。

トランプさんなんか、まさしく四人ぐらい奥《おく》さんをもらってもいいことにしていれば、あんな離婚《りこん》・再婚を繰《く》り返す必要はなかったんで。

あれだけの人だったら……。金もあって、地位もあって、あれだけ立派な方だったら、四人ぐらい要《い》るでしょうよ。それは、四人ぐらいいないと間に合わないわね。あんなに離婚・再婚して、子供をいっぱい連れて、するのは大変なことですよ。だから、イスラム教のほうが正しいんですよ。

　ああいう人は、四人もらったらいいんですよ。何も文句《もんく》は言わないですよ。だって、何兆円も持ってるんでしょ？　どうせ。もう、それは当然ですよ。

　みんな平等にするのは共産主義じゃないですか。民主主義のなかに〝共産主義の毒〟が入ってるから。

今世《こんぜ》の使命は、イスラム教徒の祭政一致《さいせいいっち》を維持《いじ》すること

神武　ロウハニ大統領（守護霊）は、エル・カンターレの弟子だと強くご自覚があって。

ロウハニ大統領守護霊　いや、私はちょっと格が下がるから、ハメネイ師のほうに、

それは訊《き》いていただいたほうがいいと思いますが。

神武　では、今世《こんぜ》のご自身の使命は、どのようなものだと考えられていますか。

ロウハニ大統領守護霊　だから、イスラム教徒の「祭政一致《さいせいいっち》」を維持《いじ》するということ。

なので、そうですねえ、まあ、日本の安倍《あべ》さんよりは、もうちょっと宗教色が強い。（私が）安倍さんであれば、「ちゃんと靖国《やすくに》神社に参拝《さんぱい》をするところから始めるし、重大な議決をするときには、やっぱり伊勢神宮《いせじんぐう》に行って、お伺《うかが》いを立てて、やる」ということになりますかね。

大川紫央　少し勉強不足で申し訳ないんですけど、お訊きしたいと思います。イラン革命●は、「皇帝《こうてい》制をなくして、イスラムの最高指導者の方が、大統領の上に就《つ》く」

●イラン革命　1979年にイランで起こった革命。西欧化政策を取ったパーレビ王朝の独裁に対し、イスラム教シーア派が反乱を起こし、ホメイニ師を最高指導者としたイスラム教に基《もと》づく共和国（イラン・イスラム共和国）を樹立した。イスラム革命。

というスタイルになった革命のようなんですけれども。

ロウハニ大統領守護霊　近代化しようとしたのね、その前にね。だから、西洋型にしようとする革命が起きようとしてたんだけど、やっぱり「宗教を蔑《ないがし》ろにするのはよくない」ということで、「ホメイニ革命」が起きたんで。

大川紫央　皇帝を廃《はい》して、宗教指導者が政治家の上に就くということは、より宗教的になったということでしょうか。

ロウハニ大統領守護霊　それはハメネイ師に訊いてください。

大川紫央　そのほうがいいですか？

ロウハニ大統領守護霊　ハメネイ師に訊いてください。

大川紫央　はい。分かりました。

ロウハニ大統領守護霊　私は「実務を兼《か》ねている者」ですから。

大川紫央　お話を聴《き》いていると、天照大神《あまてらすおおみかみ》様とも若干《じゃっかん》つながりはあるらしい……。

ロウハニ大統領守護霊　私はだから、総理大臣が宮内庁《くないちょう》長官を兼ねてるような存在なんで。

大川紫央　なるほど。分かりました。

ロウハニ大統領守護霊　はい。

大川紫央・神武　ありがとうございました。

大川隆法　（手を一回叩《たた》く）

第3章

ハメネイ師守護霊《しゅごれい》の霊言《れいげん》①

二〇一九年六月十三日　収録
大阪府《おおさかふ》にて

アリー・ハメネイ（一九三九〜）

イランの宗教家、政治家。シーア派の聖地ナジャフの神学校で学んだ後《のち》、聖地コムの神学校ではホメイニに師事する。イラン革命に参加し、革命後は、イスラム革命評議会委員、国防次官、イスラム革命防衛隊司令官、最高国防会議議長などを歴任。一九八一年に大統領に就任し、一九八五年には再選を果たす。初代最高指導者であるホメイニの死後の一九八九年に、第二代最高指導者となる。

質問者

大川紫央《おおかわしお》（幸福の科学総裁補佐《ほさ》）

神武桜子《じんむさくらこ》（幸福の科学常務理事 兼《けん》 宗務《しゅうむ》本部第一秘書局長）

［質問順。役職は収録時点のもの］

1　中東情勢を動かす宗教パワー

イランの最高指導者・ハメネイ師の守護霊《しゅごれい》を招霊《しょうれい》する

大川隆法　それでは、大統領の上におられる宗教指導者のハメネイ師、最高指導者●ホメイニ師の後継者《こうけいしゃ》・ハメネイ師（守護霊《しゅごれい》）をお呼びしたいと思います。

ハメネイ師よ、大阪《おおさか》の地で申し訳ございません。私の講演会の前日ですけれども、テーマに出る可能性があるので、どうかご意見を伺《うかが》えれば幸いです。

ハメネイ師の守護霊よ、お願いします。

（約五秒間の沈黙《ちんもく》）

●ホメイニ（1902～1989）　イランの宗教家、政治家。イスラム教シーア派の指導者。パーレビ王朝の政治に強く反対したため国外追放となるも、1979年、イラン革命を指導し、イラン・イスラム共和国の最高指導者となった。

第一声で、エル・カンターレの弟子《でし》であることを信仰《しんこう》告白

ハメネイ師守護霊　（合掌《がっしょう》して）主エル・カンターレよ、われらの信仰《しんこう》は、決して、薄《うす》れてはおりません。

大川紫央　尊きお方のようで。お出《い》でいただき、ありがとうございます。

ハメネイ師守護霊　エル・カンターレと共に長らくあった者ですので。今、日本のほうに行かれて、少しさみしく思っています。どうぞこちらにお引っ越《こ》しください。魔法《まほう》の絨毯《じゅうたん》を差し上げるので、どうか飛んできてください。

安倍首相と会談するイランの最高指導者ハメネイ師（6月13日、イラン・テヘラン）。

大川紫央　中東に、主が降りられたときに……。

ハメネイ師守護霊　長いと思うんです、こちらのほうが。きっと。

大川紫央　ああ、そうですね。たぶん日本はそんなに、あれですよね。

ハメネイ師守護霊　中東は長いと思います。宗教もすごい数が起きている。世界的な宗教が何度も何度も繰《く》り返し起きたところなので。

「中東の神エローヒムとエル・カンターレは同じ方だ」と認識している

大川紫央　では、エル・カンターレが中東を指導されていたときに……。

ハメネイ師守護霊　何度も何度も手伝いをしている。だから、私にとっての……。まあ、当時は「エル・カンターレ」という名前ではなかったが、「エローヒム」という名前の時代が長いですけど、まあ、「同じ方だ」ということは認識しています。

（私は）エローヒム様にお仕えしている。

（エローヒム様は）今はエル・カンターレを名乗《なの》っていらっしゃる。

大川紫央　エローヒム様が地上にいらしたときにも、お仕えされていたということでしょうか。

ハメネイ師守護霊　それは非常に限られたときですけども。

まあ、でも、天上界《てんじょうかい》に、いつもおられましたから。（私は）国王だとか、宗教家だとか、いろんな立場でいつも教えを受けていたので。もう、ずいぶん、ずいぶん

●エローヒム　地球系霊団の至高神であるエル・カンターレの本体意識の一つ。1億5千万年前、地球に地獄界のもととなる低位霊界ができ始めていたころ、今の中東に近い地域に下生し、「光と闇の違い」「善悪の違い」を中心に、智慧を示す教えを説いた。『信仰の法』（前掲）等参照。

長く、何度も何度も何度も教えを受けていますので、ええ。

大川紫央　エル・カンターレから直接指導を受けることができる？

ハメネイ師守護霊　受けたときもある。

大川紫央　おお。

ハメネイ師守護霊　場合によるんですが。宗教指導者であった場合は、（教えを）受けていたこともあり、まあ、国王的なことで、この世のことをやらなきゃいけないときは、そこまで行かなかったときもあるけれども、信仰は一緒《いっしょ》です。だから、私たちは、エローヒム信仰、エル・カンターレ信仰です。

神武　それはホメイニ師も同じような感じ……。

ハメネイ師守護霊　一緒です。ええ。エローヒム信仰です。間違《まちが》いない。

イスラム教は、中東の神「エローヒム」の宗教

ハメネイ師守護霊　（あなたがたは）次の映画もつくられるんでしょうけど。

大川紫央　「宇宙の法Part Ⅱ《パートツー》」は、そうですね。

ハメネイ師守護霊　エローヒムでしょ？

大川紫央　エローヒムですね。

●宇宙の法Part Ⅱ　映画「宇宙の法」シリーズのPart Ⅱに当たる「宇宙の法―エローヒム編―」（製作総指揮・大川隆法／2021年公開予定）のこと。

ハメネイ師守護霊　まさしく私たちの神です。だから、イスラム教はエローヒムの宗教です。

大川紫央　すごいですね。

ハメネイ師守護霊　その前の古い宗教もみんなそうですから。ずうっと。マニ教とか、ゾロアスター教とか、もっと前の知らない名前の宗教もいっぱいありますけど、全部、エローヒム様が一億年ぐらいはやってますから。

大川紫央　中東の地は宗教が本当に多いですからね。

ハメネイ師守護霊　エジプトはエジプトで、アフリカのほうにも降りられたこともあると思う。そのときは、ちょっと別の名前を使っておられたとは思いますけれども。オシリスとか、そんな名前を使っていると思いますけども。まあ、教えはちょっと違う部分があるかもしれません。
中東は、エローヒムの中心地だと思います。だから、宗教的磁場が高くて、もう九十九パーセント、信仰があります。

「イランの近代化をやりつつ、宗教性を失わない」が、今世《こんぜ》の使命

大川紫央　今世《こんぜ》はイランにお生まれになって、どのように、イランという国を導こうとされているんでしょうか。

ハメネイ師守護霊　何とか、近代化に後《おく》れてはならないと思うので、「『近代化はやりつつも、やっぱり宗教性を失ってはならない』という、その両立をやる」ということですかね。
ただ、われわれにとっては、戦後、イスラエルという脅威《きょうい》が出てはきているので。

●オシリス（オフェアリス）　古代エジプト神話に登場する復活の神。幸福の科学の霊査《れいさ》では、6500年ほど前のギリシャに生まれ、エジプトへ遠征した実在の王。「奇跡」と「神秘」「繁栄」の神。地球神エル・カンターレの分身の一人。『公開霊言　ギリシャ・エジプトの古代神 オフェアリス神の教えとは何か』（幸福の科学出版刊）等参照。

アメリカは「イラク」と「イラン」を戦わせようとしていた

ハメネイ師守護霊　それから、隣《となり》の国のイラクが……。「イラクとイランを戦わせるというか、ライバルにする」というのがアメリカの戦略で、「両方に、あっちに寄ったり、こっちに寄ったりして、片方を大きくしない」っていうことをやってたんですけどね。

だから、イラクのほうは、アメリカから支援《しえん》をもらっていたから、安心して、「クウェート侵攻《しんこう》」をやったんですよね。やったら、アメリカに、攻撃《こうげき》を受けてしまってですね。（アメリカは）イランの敵だったはずなのに、イラクのほうが攻撃されてしまって。親アメリカのイラクが攻撃されて、占領《せんりょう》されて。

それで、今度、次は、イランのほうと、今、何か、衝突《しょうとつ》をつくろうとしているように見えますよ。トランプさんは、動き方が急すぎますから。

あんなに艦隊《かんたい》派遣《はけん》するならね、とっくの昔に、北朝鮮《きたちょうせん》に艦隊派遣しなきゃいけな

●クウェート侵攻　1990年8月2日、イラクのサダム・フセイン政権が、突如《とつじょ》、隣国のクウェートに侵攻し、占領した事件。これをきっかけとして、アメリカを中心とした多国籍軍とイラクとの戦争（湾岸戦争）が起こっている。

いですよ。第七艦隊を北朝鮮に展開してね、やっぱり、「核《かく》をすべて捨てろ」と迫《せま》るべきだったと思いますよ。

そういうことをしないで話し合ったりしてやってね。そして、こちらのほうには、第五艦隊を送ってきますからね。もう、いつでも攻撃できる態勢になっている。臨《りん》戦《せん》態勢ですよ。

それで、われわれは武器がないのに。そんなに、武器を持っていませんから。

神武　そうですね。

ハメネイ師守護霊　「核によるエネルギー開発」も考えているぐらいのレベルですから。そんなのは、やめてもいいけどね。だけど、われわれは奴隷《どれい》じゃないからね。一方的に、そんなに、やられる〝あれ〟はないんで。

霊界《れいかい》では「日本神道《しんとう》」と「イスラム教」はつながっている

ハメネイ師守護霊　いやあ、彼（トランプ氏）もね、それは神なのかもしらんけど、「民族神」ですよ、せいぜい。やっぱり、民族神レベルなんですよ。だからね、われわれみたいな「地球神への信仰」はないんですよ。足りていないんですよ。

神武　トランプさんも、エル・カンターレのご分身である「トス神」からご指導を受けていらっしゃいます。

ハメネイ師守護霊　だから、民族神なんです。民族神なんですよ。だから、認識がね、アメリカ以外のところがないので。

大川紫央　やや浅はかな勉強で申し訳ないんですけれども、「イラン革命」のとき

●トス神　約１万２千年前、アトランティス文明の最盛期を築いた大導師。宗教家、政治家、哲学者、科学者、芸術家を一人で兼ね備えた超天才であり、「全智全能の主《しゅ》」と呼ばれた。古代エジプトでは智慧《ちえ》の神として知られている。地球神エル・カンターレの分身の一人。『太陽の法』（幸福の科学出版刊）等参照。

というのは、西洋化をして、近代化をしようとした国王に対して、初代の最高指導者の方をはじめ、イスラムの法学者や国民が立ち上がった革命にもなっており、おそらく、イスラム教を護《まも》ったところはあると思うんですけれども。

ハメネイ師守護霊　日本だって、神武《じんむ》天皇以来、百二十六代、天皇制を護っているじゃないですか。われわれも同じですから。日本と同じなんですから。「祭政一致《さいせいいっち》」なんですよ、基本教義は。

大川紫央　やはり、それは、「イスラム教国としての文化や誇《ほこ》りを遺《のこ》す」という運動だったわけですね？

ハメネイ師守護霊　うーん、そう。祭政一致なんです。
まあ、それは風土が違うから、違いは出てはいるけれどもね。基本は同じなんです。霊界《れいかい》では、ちゃんと、「日本神道《しんとう》」と「イスラム教」は、つながっているところがあるので。

「中東の盟主《めいしゅ》イランがイスラエルに抱《いだ》く恐《おそ》れ」とは

神武　今、ハメネイ師は、宗教的に、イランをどのように導きたいと思っていらっしゃいますか。

ハメネイ師守護霊　まあ、今、「中東の盟主《めいしゅ》」ですよね？　はっきり言えば。

神武　はい。

ハメネイ師守護霊　だから、「イランがどうなるか」に、「われわれ（イスラム教国）が、欧米《おうべい》の手先であるイスラエルによる植民地に変えられるかどうか」がかかっているので。もしかすると、われわれも、植民地にされる可能性はあるんですよ。それは、「彼らが核兵器を持って、エジプトからサウジアラビア、イランまで、全部、射程に収めて、いつでも滅《ほろ》ぼせるという態勢をつくったときに、われわれはどうするか」っていうことですね。「祭政一致の宗教を倒《たお》すには、国ごと潰《つぶ》せ」という考えだった場合ですね。

それから、油田とかいっぱいあるから、攻撃ターゲットはかなりありますよね。攻撃できますので。全部、燃え上がらせてしまうことはできますからね。だから、われわれは、攻撃されると弱い部分を、そうとう持ってますよ。

やっぱり、（われわれは）中東の安全を護らなければならないので。アメリカは、距離《きょり》があるから、地球の裏側まで理解ができないですよね。

イスラム教・キリスト教への「ユダヤ教の報復」が始まる

神武　中東の混乱の原因は、戦後の「イスラエルの建国」にあると思うんですけれども。

ハメネイ師守護霊　絶対そうです。第四次中東戦争ぐらいまで（アメリカが支援して）やってるでしょう？

神武　はい。イスラエルの建国に関しまして、霊界ではどういった力が働いていたのでしょうか。もし、ご存じであれば、教えていただきたいのですが。

ハメネイ師守護霊　まあ、それは、ヨーロッパのほうに行ったユダヤ人もいるからね。イギリスだって、ディズレーリみたいなんだって首相やってるしね。

ヨーロッパに広がったユダヤ人と、アメリカに行ったユダヤ人がだいぶいるし、核兵器をつくったのもユダヤ人だからねえ。

だから、彼らが復興の夢を持ってたのは、それはそうなのかもしれないけどねえ。

神武　以前、旧約《きゅうやく》の預言者の第一イザヤ様の霊言を頂いたときに、「天上界では、ユダヤ教の主力の神は、もう解散している」というようなことをおっしゃっていました。

ハメネイ師守護霊　それは、もう、ほとんどいないでしょう。もう、ガラガラだと思いますよ。〝ゴーストタウン〟ですよ、ほとんど。まあ、ちょっと、パラッとはいると思いますけど、もう、それは全然ですよ。〝ゴーストタウン〟ですよ。

だから、イエスが、ああいう死に方……、まあ、十字架《じゅうじか》に架かってもいいけど、その後《のち》、（キリスト教が）ローマまでやって、広がって、それでユダヤを滅ぼしたわけだから。やっぱり、そこで、ユダヤ教をなくさなきゃいけなかったのに。

それが全世界に散らばってね、千九百年も根強く地下に潜《もぐ》って、国をつくり直してきたということは、この次に来るのは「復讐《ふくしゅう》」ですよね。〝リベンジ〟をしに来

●第一イザヤ様の霊言を……　『第一イザヤ、第二イザヤの謎を解く』（宗教法人幸福の科学刊）参照。

るから。絶対にそうだから。
だから、イスラム教だけじゃなくて、キリスト教だって、次は、「ユダヤ教の報復」を受けると私は思いますよ。
彼らはアメリカの「金融《きんゆう》」や「マスコミ」を握《にぎ》っているし、ロンドンでも握っているし、いろんなところに入り込《こ》んでいますから。

大川紫央　「ユダヤの霊界と日本の霊界は、けっこうかかわりがある」というようなお話も出たりはしていますけれども。

ハメネイ師守護霊　いやあ、それは昔の時代ですよね。だって、国がなかったんだから、千九百年間。生まれているわけないじゃない。それ以外のところに生まれてるんですから、みんな。だから、また今、それをつくろうとしてるんだろうけど。
だからね、われわれのところにも伝わっている予言には、「最終戦争、世界戦争」

が、「ゴラン高原」「メギドの地」で起きることになっているからね。

それは、イスラエルができたことで現実化してきたわけです。イスラエルができるまで、それはありえないことだと思ったのが、本当にイスラエルができちゃったために、最終戦争が起きる可能性があるんですよ。ゴラン高原を実質支配してますからね、彼らは。本当に、このメギドの地で、イスラエルとイスラムの最終決戦が行われる可能性が高いですよ。

シリア、トルコも近いしね。ヨルダンとかもありますけれども。

トランプ大統領やアメリカのユダヤ資本をどう見ている?

ハメネイ師守護霊　それで、「イランが盟主になるかどうか」っていうところが、今、試《ため》されているところで。それを〝骨抜《ほねぬ》き〟にしようとしているわけですよ、今、アメリカの大統領をはじめね。で、牙《きば》を抜いてしまおうとしてるわけですけど。
いずれにせよ、でも、イスラエルに支配される気は、みんなないと思うので。この次に来るのは、ロシアや中国や……、うーん、北朝鮮があるかどうか知らんけれども、他のものと組んででも、やっぱり、「大きな戦い」が起きる可能性はありますね。

大川紫央　主エル・カンターレは、今、「中国の変革」ということも一つ考えられていまして。

まあ、中国は、無神論の国家で、いちおう、今の計画では、「他の国を奴隷国家にしていこう」という魂胆《こんたん》も持っているんですけれども、イランとしては……。

ハメネイ師守護霊　だから、「大川隆法師」としては、おそらく、中国を片付けてからイスラム問題に来ようとしているんだろうけど、トランプ氏の動きが早すぎて、もう、イスラムのほうに手を出してきたので……。

大川紫央　そうですね。

ハメネイ師守護霊　これは、「同時二正面作戦」までやる気なのかどうか。（トランプ大統領の）娘婿《むすめむこ》が悪かったので、娘と娘婿をかわいがりすぎて、いっそう加速しているので。

うーん……、われらは、ちょっと、これだと、やっぱり、そうは言っても、アメリカを牛耳《ぎゅうじ》っているユダヤ資本あたりに対して、どうしても、テロ団か何かでも派遣しなきゃいけなくなってくる。「マスコミ」と「金」、「金融」を握ってるんでね。

ユダヤ教への対応に揺《ゆ》れる世界に「エル・カンターレの教え」が必要

大川紫央　ただ、ユダヤ人には選民思想もあるので、（民族の）地位が高ければ、今と立場が逆で、「自分たちのほうが選ばれた民《たみ》だから」ということで、他国に対して何か言う可能性も出てくると思います。

まあ、今は、〝逆〟になっていると思うんですけれども……。

ハメネイ師守護霊　もう、ユダヤ人……、ユダヤ教は要《い》らないんですよ。だから、『旧約聖書《せいしょ》』というものを維持《いじ》して、『新約聖書《しんやく》』にくっつけて勉強させるから、いつまでたっても、みんなの心のなかに残ってるんだよ。

大川紫央　ただ、確かに、優秀《ゆうしゅう》な方も、けっこう多く出ているというところはありますよね？

ハメネイ師守護霊　うーん……。まあ、それはねえ、国がないから、そうなったので。頭一つで戦うしかない。金儲《かねもう》けの才能で生きていくしかなかった。
　中世だって、「ヴェニスの商人（に出てくる金貸し）」ですよ。ね？　金儲けにいやらしくて、中世からずっと蔑《さげす》まれているんですよ。

だから、ヒットラーまで来たんですよ。本当は〝欧米のカルマ〟なんですよ。ユダヤを憎《にく》んでたのは欧米なんです。彼らは卑《いや》しい金貸し、高利貸しだったんですよ。まあ、それが資本主義の権化《ごんげ》に変わってきているんでしょうけどね。でも、嫌《きら》われていたことは確かですよ。

ただ、ヒットラーがやりすぎたために反作用が起きて、逆に揺《ゆ》れている。逆に揺れた振《ふ》り子は、また戻《もど》ってくるからね、振り子理論ではね。

まあ、そのへん、調整を取らないと。中道《ちゅうどう》に入《はい》らなきゃいけないんですよ。

エル・カンターレの教えが、今、必要です。

2　中東の「最終戦争」を回避《かいひ》するための可能性とは

最終戦争のときに「最後の救世主」が来る

大川紫央　でも、もし、中東にハッピー・サイエンスが伝道に行ったら、殺される可能性もたくさんあるんですよね？

ハメネイ師守護霊　いや、分かりませんよ。「コーラン型」宗教だったら、われわれが、これを「新たな『コーラン』」だと認めれば、それは話が違《ちが》う。

大川紫央　ああ……。

ハメネイ師守護霊　それは、アッラーの神は全智全能《ぜんちぜんのう》ですから。一千四百年前に啓示《けいじ》を降ろしてから、あと何もしないとは思ってはいないので。

ただ、ムハンマドが「最後の預言者」と言われているから、預言者はもう出ないと思っていて。まあ、事実上、それ以後、預言者らしき者は出ていないですよね。あるいは、いたのかもしれないけど、まあ、預言者は、いろんなところで殺されているんだろうと思うのでね。

イエスやムハンマド級の者は出ていませんよね？　仏教だって出てないよね？

大川紫央　ええ。

ハメネイ師守護霊　まあ、それは、ある意味で当たっている。

だから、預言者としてはムハンマドが最後かもしれないけど、「神そのものが、新しいお力を持って降りてくる」ということはありえる。

だから、最終戦争？　これ、今言ってるの。中東は「世界最終戦争」なんですよ。そう、われわれは考えている。

そのときにね、神が降りてくる、あるいは、最後の救世主が降りてくることは、ありえると思っている。

大川紫央　まあ、そこは、理解できる……。

ハメネイ師守護霊　ありえる。いやあ、出てこなきゃいけない。

大川紫央　なるほど。

ハメネイ師守護霊　だって、われわれが今、全滅《ぜんめつ》するかもしれない危機なんですから、出なきゃいけない。

まあ、安倍《あべ》さんは仲介《ちゅうかい》しているつもり、仲裁《ちゅうさい》しているつもりだろうけど、安倍さんの力は限られすぎています。

大川紫央　うーん。

ハメネイ師守護霊　だから、次はエル・カンターレの出番だと思っています。

大川紫央　はい。

ハメネイ師守護霊　だから、われわれは、宗教的にもっと高いものでなければ、われわれを仲裁することはできないと思っている。

「エローヒムが東の国に生まれるとは聞いていた」

大川紫央　「エル・カンターレ」という名は、どこでお知りになったのですか。今《こん》世《ぜ》、霊的《れいてき》に見ていて？

ハメネイ師守護霊　いやあ、有名ですよ。有名というか、まあ、その名前自体、「エル・カンターレ」という名前が出てきたのは、それは、ここ数十年、三十年余りですけど、「エローヒム様が東の国に降りられる」っていうのは、もう聞いていましたから。

大川紫央　ふうーん。

ハメネイ師守護霊　うん。だから、それは、おそらく、「欧米《おうべい》と中東の仲立ちをすべく、アジアの盟主で出られるんだ」と思っていたんで。

大川紫央　はい。

ハメネイ師守護霊　先の大戦で、（日本が）ほんとは勝つべきだったんじゃないかと思っていたんだけどねえ。うーん、そうなると思っていたんだが、ならなかった。

大川紫央　先の大戦も、お聞きしているところによると、「日本を敗戦させる」という計画はあったようです。

ハメネイ師守護霊　まあ、それは分からんが、東郷元帥《とうごうげんすい》も（今、日本に転生《てんしょう》して）出ておられる。

だから、われらは、次は日本が新しい宗教大国になって、まずは、中国あたりに

〝逆輸出〟して、「エル・カンターレ教」で十四億を洗脳して、伝道して、それを広げて、ウイグルも解放して、チベットも救って、インドも「新しい仏教」で染め上げて、それで中東まで橋渡《はしわた》ししてくれて、アメリカの実用主義なんか、もうそんなの、ロボット代わりに使ってやって、世界を支配してもらいたい。

「イスラム教は個人の罪を責めるが、キリスト教は民族ごと滅《ほろ》ぼす」

大川紫央　やはり、イメージとして、イスラム教には、「怖《こわ》い」というところがあるように思います。キリスト教も、もちろん、爆弾《ばくだん》とか使っているのは怖いんですけど、何て言うか、改宗しても殺されてしまうし、死刑《しけい》が多いイメージがあります。

ハメネイ師守護霊　あのね、イスラム教はね、個人の罪を責める。

大川紫央　はい。

ハメネイ師守護霊　キリスト教は、民族ごと滅《ほろ》ぼす。

大川紫央　なるほど（苦笑）。そういう戦いの仕方。

ハメネイ師守護霊　まあ、レベルが違う。

大川紫央　例えば、イエス様については、どう考えていらっしゃるのでしょうか。

ハメネイ師守護霊　いやあ、まあ、ある程度の預言者?「預言者」という言い方が正しいか、「大天使」という言い方が正しいか、まあ、「救世主」という面もあるのかもしれないけれども、ムハンマド以上ではないと思うんですよ、やはり、ムハンマド以上ではないと思う。

　だから、われわれはアッラーを神として、教えを受けているけれども、イエスは誰《だれ》から教わっているか分からずに、ユダヤの神と勘違《かんちが》いしていたぐらいですから。

大川紫央　まあ、そこは、ムハンマド様の場合も、（啓示を降ろしている神が）「われわれは」と言っているところがあるし、似ているところはあると思うんですけれども。

ハメネイ師守護霊　だから、あのねえ、ユダヤ教の始まり？（ユダヤ人には）千九百年間国がなかったけど、その前哨戦《ぜんしょう》で、エジプトで奴隷《どれい》として四百年間使われて、モーセがそれを解放して「出《しゅつ》エジプト」をし、出て行ったのを、トランプさんとかは、自分ら清教徒《せいきょうと》がメイフラワー号に乗ってイギリスから脱出《だっしゅつ》して、アメリカに逃《のが》れたのと〝二重写し〟にして考えているのよ、たぶんね。だから、「自分らが新しいカナンの地をつくるためにアメリカに来た」みたいな、そんな気になってるのよ。気持ち的には、おそらくね。
でもね、あれ、（トランプ氏は）民族神だよ、どう見ても。

エル・カンターレはキリスト教・イスラム教の約四十億人に責任がある

大川紫央　分かりました。たいへん失礼なのですが、やはり、これは、民族同士の戦い、民族神同士の戦いのところがたぶんあるので、エル・カンターレが語った言葉に、みんなで従わなければいけないと思います。

ハメネイ師守護霊　だから、エル・カンターレはね、今、キリスト教の二十二億とイスラム教の十八億を合わせた四十億に責任を持っているわけですよ。

大川紫央　はい。

ハメネイ師守護霊　で、ユダヤ教は、全世界を全部かき集めても、一千五百万しかいないんですよ。こんなの、もう、中国に持っていって、収容所に放り込《こ》んでもらえっていう。そしたら、簡単になくなるんだから。ほんとねえ、ヒットラーの仕事はちょっと不徹底《ふてってい》だったからなあ、ある意味ではね。ほんとに。うーん。

だから、千五百万人ぐらいがね、世界を振《ふ》り回して、大戦争に持ってきたらいけないですよ。

大川紫央　それはそうですね。

ハメネイ師守護霊　間違っている。

どうしてもって言うんだったら、あれねえ、イスラエルの国は（人口が）八百万ぐらいですから、あんなの、アメリカに移したっていい。メキシコからの流入《りゅうにゅう》を止めてね、あのへんの、ニューメキシコ州かどっかの砂漠《さばく》に入れたらいいんですよ。

あのくらいは住めますよ、十分に。砂漠はいっぱいあるもの。そこに移したらいい。イスラエルなんて、何も出ないところで、資源が何にもないんで。あんなところは、荒《あ》れ地ですから。大丈夫《だいじょうぶ》ですよ、羊を飼ったらいいんで。

大川紫央　でも、やはり、いちばんぶつかっているのは、「ユダヤ人のところを、どう扱《あつか》うか」という問題になりますね。

ハメネイ師守護霊　そう。われわれの許可なく、イギリスやフランスやアメリカが、戦後、「ドイツがやったことは許せない。非人道的だ」ということで。まあ、シオニズム運動っていうのはその前からあったけどね。「故郷《ふるさと》帰りしたい」っていう運動はあったけどね。

いや、帰ってきてもいいけどさあ、新しくマンションに転居してきた人みたいに、やっぱり、ちょっと……。

大川紫央　おとなしくね。

ハメネイ師守護霊　「おとなしくしとれ」っていうことですよ。だから、〝町内会の同意〟を取りつけないといけないのであって。

ところが、自分らのほうが威張《いば》っていて、「戦争していつも勝っている」っていうの？　それは、欧米が協力しているからですよ。「強い」のはね。

3　ハメネイ師の転生《てんしょう》を訊《き》く

イスラム教と、それ以前のゾロアスター教にもかかわりが

大川紫央　なるほど。ハメネイ師は、過去はどういったお仕事をされていたのでしょうか。

ハメネイ師守護霊　イスラム教の人の名前なんて、言ったところで分からんでしょう。

大川紫央　まあ、そうですね（笑）。

ハメネイ師守護霊　まあ、「国王」だの、「皇帝《こうてい》」だの、いろんな「宗教指導者」だの、いろんなので出ていますよ、それは。

大川紫央　なるほど。

神武　例えば、イスラムの歴史のなかで、エジプトが強い時代とか、トルコが強い時代とかがありますが……。

大川紫央　オスマン帝国とか。

神武　イランだけではなく、いろいろな国に生まれていらっしゃったのですか。

ハメネイ師守護霊　うーん、まあね。いやあ、それはね、もっと昔のゾロアスター教のころも、私だってやっていた記憶《きおく》がまだあるぐらいですから。

大川紫央　では、イスラム教以前のゾロアスター教にもかかわっていらっしゃるのですね。

ハメネイ師守護霊　うん。うん。うん。

神武　中東には、メタトロン様もお生まれになっているのですが。

ハメネイ師守護霊　だから、メタトロンさんは、しょっちゅう、〝給油〟に来てくれています。

神武　給油？

●メタトロン　幸福の科学のUFOリーディングにより、射手《いて》座のインクルード星から来た「メタトロン」と名乗る宇宙人は、イエス・キリストの宇宙の魂（アモール）の一部であり、6500年ほど前にメソポタミア地方に生まれたことが明かされた。『メタトロンの霊言』（幸福の科学出版刊）参照。

ハメネイ師守護霊　うん。〝油を注《そそ》ぎに〟来てくれています。

大川紫央　それは、ＵＦＯということですか?

ハメネイ師守護霊　やっぱりね、「油を注がれし者」がメシアっていう意味なんですよ。

大川紫央　（笑）じゃあ、ヤイドロンさんとかは、どうですか。ちょっと話が宇宙人テーマになってしまいますが……。

ハメネイ師守護霊　ヤイドロンさんなんていうのは、それは、まあ、親戚《しんせき》みたいなもんですよ。

●ヤイドロン　幸福の科学のUFOリーディングにより発見された宇宙人。エルダー星のレプタリアン系の種族。地球系霊界《れいかい》における高次元霊的な力を持っており、現在、地上に下生《げしょう》しているエル・カンターレの外護《げご》的役割をしている。『UFOリーディングⅠ』（幸福の科学出版刊）等参照。

大川紫央　おお……。

「幸福の科学は中東と一体になることが大事」と主張

大川紫央　名前に「トロン」が付く方は、中東で……。

ハメネイ師守護霊　そうなんです。

大川紫央　神の光を広げるために戦った方々であるということが、●今年、出ていまして。

ハメネイ師守護霊　うん、うーん。

だからね、あなたがたは、中東と一体になることが大事なんですよ。

●今年、出て……　『メタトロンの霊言』（前掲）参照。

アメリカは、ちょっと〝舞《ま》い上がって〟いるんですよ。いけない。先の大戦でね、東郷元帥《とうごうげんすい》が現れたら、あんなことはなかった。

大川紫央　それはそうですね。

ハメネイ師守護霊　ミッドウェーで、ケチョンケチョンにやっつけておけば、あんなことはなかったしね。で、ドイツから逃《に》げたユダヤ人があんな原爆《げんばく》をつくって、日本に落とすなんて、根本《こんぽん》から反省すべきですよ。「神の国に対して、何ということであるか!」っていう。

日本とは霊界《れいかい》での交流がずいぶんある

神武　日本についても、たいへんお詳《くわ》しいように感じるんですけれども。

ハメネイ師守護霊　うん。

神武　日本にもお生まれになったことは……。

ハメネイ師守護霊　いや、交流はあるから、霊界《れいかい》でね。霊界で交流はずいぶんあるので。

神武　日本と中東は、物理的な距離《きょり》が遠くて、感覚としても、文化的にも遠い感じがするんですけれども、「霊界でつながっている」ということについて、分かりやすく教えていただけるとありがたいのですが。

ハメネイ師守護霊　うーん……。われわれはみんな弟子《でし》だから、それは一緒《いっしょ》ですよ。

神武　「エル・カンターレの弟子」というところで、つながっていると？

ハメネイ師守護霊　そうです。一緒ですよ。

大川紫央　日本にお生まれになったことはあるんですか？

ハメネイ師守護霊　うん？

大川紫央　日本にお生まれになったことはない？

ハメネイ師守護霊　うーん……。まあ、この千何百年は……。

大川紫央　中東に。

ハメネイ師守護霊　イスラム教のために奉仕《ほうし》しているので。

大川紫央　なるほど。

ハメネイ師守護霊　うん。それ以前は、まあ、いろいろありますが、うーん……。

神武　例えば、聖徳太子《しょうとくたいし》様はご存じですか。

ハメネイ師守護霊　ああ……、なるほど。時代的には近いかな。

神武　ああ。イスラム教が始まったころと近い……。

ハメネイ師守護霊　うん。近いころだね。

あのころに、日本は、神道《しんとう》と仏教の融合《ゆうごう》で、新しい国体をつくられたのだと思うんですが、こちらは、だから、イスラム教を立てて、〝あれ〟したんで。「神道に中身が十分にない」ということで、仏教を入れたのが、聖徳太子様だと思うけど。

大川紫央　はい。

ハメネイ師守護霊　まあ、それは、日本のムハンマドみたいな人なんじゃないのかな。

神武　いわゆる『日本書紀《にほんしょき》』や『古事記《こじき》』の神々の時代のころに、日本にお生まれになったりされたのですか？

ハメネイ師守護霊　うーん。いやあ、そう言われると、ちょっと分かりにくいんだけれども。日本の歴史はもっと古いのでね。

大川紫央　●天御祖神《あめのみおやがみ》様はご存じですか。

ハメネイ師守護霊　うーん……。われわれはちょっと、エローヒム様のほうなんで。

大川紫央　日本は違《ちが》う感じでしょうか。

ハメネイ師守護霊　御祖神と言われても、ちょっと分からないけど。

大川紫央　エローヒム様は……。

●天御祖神　『古事記』や『日本書紀』よりも古いとされる古代文献『ホツマツタヱ』に出てくる「祖」に当たる神。幸福の科学では、「イエスが『父』と呼んでいた主と同一霊存在である」とされている。『天御祖神の降臨』（幸福の科学出版刊）参照。

ハメネイ師守護霊　変化身《へんげしん》があることは知っています。

大川紫央　エローヒム様の時代には、地上にお生まれになっていらっしゃいましたか。

ハメネイ師守護霊　うーん、maybe《メイビー》、そうだね。うん、うん。

大川紫央　どんなお仕事をされていたのですか。

ハメネイ師守護霊　うん？「パンダの手入れ」でもしていたんじゃないですか（注。ここで言う「パンダの手入れ」の「パンダ」とは、アニメーション映画「宇宙の法――エローヒム編――」〔「宇宙の法 Part Ⅱ《パートツー》」／二〇二一年公開予定〕に登場するキャラクターであるパンダ型生命体を指す）。

大川紫央　（笑）ありがとうございます。
　慈悲《じひ》あまねきエローヒムは、すべての信仰《しんこう》を受け取ってくださる

神武　エローヒム様の説かれた教えのなかで、ハメネイ師の魂《たましい》に色濃《いろこ》く残ってい
るものはどのような教えでしょうか。

ハメネイ師守護霊　それは「慈悲《じひ》」ですよね。

神武　「慈悲」。

ハメネイ師守護霊　やっぱり、「慈悲あまねき神」で。神は尊いが、すべての人類
を自分の子として扱《あつか》っていらっしゃるから、神の下《もと》においては平等なんですよ、人

間はね。

大川紫央　はい。

ハメネイ師守護霊　人間は、この世的においては平等ではない。しかし、神の子としては平等で、平等に愛されてるわけで、すべての信仰《しんこう》、すべての人の信仰を受け取ってくださる。そういう偉大《いだい》な方なんですよね。

だから、「究極の宗教」だと思ってます。慈悲がなくなったら、宗教なんて存在しなくなる。

文明は、西洋型になると滅《ほろ》び、伝統を護《まも》ったほうが遺《のこ》る

大川紫央　（約五秒間の沈黙《ちんもく》）その意味で、男性と女性の考え方などというのは、どのように見ていらっしゃいますか。

ハメネイ師守護霊　まあ、いいですよ。西洋型も一つの考えですけど。イスラム教も、それに感化されて、だいぶ変わってきつつ……。トルコとかね、変わってきてるところもあるけど、その西洋型になった場合、必ず爛熟期《らんじゅくき》を迎《むか》えて崩壊《ほうかい》していくので。西洋文明は滅《ほろ》びていくと思ってますよ。

だから、やったらいいよ、滅びるから。われわれのほうの、伝統を護《まも》ってるほうが遺《のこ》るから。

過去世《かこぜ》において十字軍で戦ったホメイニ師

大川紫央　ちなみに、最高指導者としては、ハメネイ師は二代目で、初代にホメイニ師という方がいらっしゃると思うんですけれども、そのホメイニ師も、あなた様のような感じの仲間の方と考えてよろしいのですか。

ハメネイ師守護霊　うーん……。

大川紫央　それとも、また、ちょっと違う……。

ハメネイ師守護霊　やっぱり、それは、（過去世《かこぜ》は）イスラムの歴史のなかで宗教指導者をやった方で、おそらく、十字軍なんかで戦ってた方だと思いますよ。おそらくね。

大川紫央　なるほど。

ハメネイ師守護霊　だから、東郷元帥は、サラディンとしてもたいへん活躍《かつやく》されて、今、中東でも尊敬されてる方です（注。以前の霊査《れいさ》により、イスラムの英雄《えいゆう》・サラディンは東郷平八郎《へいはちろう》として生まれていることが判明している。『天照大神《あまてらすおおみかみ》の「信仰

継承《けいしょう》」霊言《れいげん》』〔幸福の科学出版刊〕等参照)。

東郷元帥に世界を征服《せいふく》していただきたい。

大川紫央　なるほど。いつの時代も、戦った相手にも愛されていますからね。

ハメネイ師守護霊　うん、うん。

4 「私たちの救世主は日本です」

「アメリカは神がつくった国ではない、神がいない」という主張

ハメネイ師守護霊　トランプ氏も一生懸命《いっしょうけんめい》やってるのは認めるが、アメリカの四年ごとの大統領選は本当に忙《いそが》しくて、もう、マスコミの人気取りが大変で。やっぱり、ああいうものは、宗教的には、ちょっと売名行為《こうい》が強すぎて、納得《なっとく》がいかないものはありますね。

大川紫央　いちおう、トランプ大統領も、「創造主の神の下《もと》に、人類はみんな自由を享受《きょうじゅ》し、平等なんだ」ということはおっしゃっていると思うんですけれども、ハメネイ師から見て、アメリカのいちばん理解しにくいところというのは……。

ハメネイ師守護霊　アメリカは、「神がいない」のと一緒《いっしょ》だから、ほとんどね。「神がつくった国じゃないから、神がいない」じゃない。

大川紫央　もっと人間を中心としているということですね。

ハメネイ師守護霊　だから、イギリスから逃《に》げてきた人たちでしょ？　亡命して、ボートで逃げて。税金を払《はら》うのが嫌《いや》で逃げてきた人たちだから。

まあ、信仰《しんこう》は引いてるけどね。イギリスからの信仰は引いてるけど、〝弱者の信仰〟だよね。

大川紫央　ただ、やはり、いちおう、アメリカの民主主義には神はいるんですよ。

ハメネイ師守護霊　〝インディアンを殺す神〟がね。

大川紫央　ううーん。というだけでもないとは思うんですけれども。

ハメネイ師守護霊　〝インディアンを殺す神〟がいて、あとは、スペインやポルトガルが、今度は、中南米の原住民たちを殺していったのね。

大川紫央　それこそ、先ほどお話に出た聖徳太子《しょうとくたいし》様のような方も、リンカン大統領として転生《てんしょう》されて、人種差別とか……。

ハメネイ師守護霊　うーん。そして、暗殺されてるのね。

大川紫央　まあ（苦笑）、戦ってはいらっしゃるので。やはり、神の系譜《けいふ》はあちらにも流れているし、中東にも流れているということです。

ハメネイ師守護霊　すごく「新しい神」ね。

大川紫央　あっ、その競争もあるんですね？

神武　おそらく、歴史の古さのところ……。

ハメネイ師守護霊　（アメリカは）新しい。新しいよ。できたばっかりだ。まだ何も、正統性は十分じゃない。

大川紫央　でも、エル・カンターレは、アメリカにも光は降りていると思っていらっしゃると思いますし。

ハメネイ師守護霊　（アメリカは）実験場。

大川紫央　中東にも光は降りていると思います。

ハメネイ師守護霊　リンカンは十六代大統領ぐらいでしょ？　そのくらいが、もう、アメリカの神みたいになってる。ね？　日本（の天皇）は百二十六代。ね？　だから、天皇家はね、やっぱり、「主なる神」に目覚めなきゃいけないんですよ。

大川紫央　そうなんですよ。日本には、たぶん、その「主なる神」の存在が隠《かく》されすぎてきてしまっている罪がありますね。

日本の「中国的唯物《ゆいぶつ》主義」と「アメリカ的実用主義」には、改革が必要

ハメネイ師守護霊　日本も中国化してるところは、そうとうあるから。

大川紫央　はい。

ハメネイ師守護霊　中国化。一つは中国の唯物論《ゆいぶつろん》化。もう一つは、アメリカの実用主義。この二つが日本の信仰観を歪《ゆが》めていて、宗教学者といえども信仰心がない。われわれのところで、あってはならないことですけどね。宗教学者たちはみんな、信仰心がありますから、われわれのところでは。

（日本の）宗教学者たちは信仰心を持っていない。これは、やっぱり、日本としては改革が必要ですよね。

大川紫央　分かりました。

ハメネイ師守護霊　中東と交《まじ》わることで、それはだいぶ改善されると思います。いや、われわれはね、殺してばっかりじゃないですよ。ちゃんと、「神の言葉」を信じる国民ですので。

「日本に神が降りて、言葉を降ろされる」というなら、われわれは信じますよ。日本は尊敬してますから。降りるなら、日本しかないと思う。絶対に。日本なら降りる。神の言葉は降りると思う。うん。うん。

大川紫央　分かりました。

今、世界をまとめられるのは、日本しかない

ハメネイ師守護霊　いや、期待してますよ。

だから、少しは（幸福の科学の）名前は響《ひび》いてはきてるんですけど、まだ動きが小さいのでね。

今回、ちょっと、アメリカとの衝突《しょうとつ》があるなら、そのへん、そろそろ、神の正体を現していただきたいな。

神武　「救世主が現れた」ということ……。

ハメネイ師守護霊　うん。だから、アメリカの大統領なんて、救世主から見たら小さいもので、ねえ？

イスラエルなんていうのは、救世主から見たら〝水たまり〟みたいなものなんだ。そういうふうに思わないといけないですよ。

大川紫央　イスラム教はどんな……。

ハメネイ師守護霊　イスラム教は、それは、〝湖〟みたいなものですよ。

神武　（笑）

大川紫央　分かりました。

でも、お互《たが》い良さを認め合って、世界平和ができますように……。

ハメネイ師守護霊　だから、日本しかないと思いますよ。今、世界をまとめられるのは、日本しかない。

大川紫央　今、本当に「主なる神」が降りてくださっているので。

ハメネイ師守護霊　日本しかない。

大川紫央　ぜひ、その言葉が中東の方々にも、（地上の）ハメネイ師にも、いつか届きますように。

ハメネイ師守護霊　全世界のことまで、私たちは目を配《くば》れないけどね。まあ、トランプ氏にはその力はあるんだとは思うけど、われわれみたいな歴史のある国から見れば、極《きわ》めて〝お下品《げひん》〟である。だから、「西部のガンマン」が大統領をやってるようにしか見えない。保安官にしか見えないんですよ。

大川紫央　うーん。

ハメネイ師守護霊　バッジを付けた保安官にしか見えないんで。ガンで脅《おど》してくるけど。
だからね、まだまだ宗教性が足りないよね。やっぱり、「主なるエル・カンターレに帰依《きえ》してから言え」っていう。

大川紫央　分かりました。
ちなみに、お話のなかで、「大川隆法師」と言ったところの「師」は、ハメネイ師の「師」と同じですよね？

ハメネイ師守護霊　もちろん。「マスター」。

大川紫央　そこは「マスター」でいいんですね。

ハメネイ師守護霊　マスターです。もちろんです。

いや、私たちは弟子《でし》ですから。弟子の格なので。「最高指導者」と言っても弟子ですから。

大川紫央　はい。そう思ってくださっているのは、とてもうれしいです。

ハメネイ師守護霊　私たちを救ってくださる救世主は日本です。

大川紫央　はい。

神武　ありがとうございます。

大川紫央　ありがとうございました。

大川隆法　（手を一回叩《たた》く）はい。大変でした。

第4章

ハメネイ師守護霊《しゅごれい》の霊言《れいげん》②

二〇一九年六月十四日　収録

大阪府《おおさか》にて

質問者

大川紫央《おおかわしお》（幸福の科学総裁補佐《ほさ》）

［役職は収録時点のもの］

「アッラー・アクバル。エル・カンターレは偉大《いだい》なり」

大川隆法　昨日《きのう》（六月十三日）に引き続いて、ハメネイ師守護霊《しゅごれい》を招霊《しょうれい》します。

（約五秒間の沈黙《ちんもく》）

ハメネイ師、ハメネイ師……。ハメネイ師、ハメネイ師……。

ハメネイ師守護霊　アッラー・アクバル。

大川紫央　ハメネイさん。

ハメネイ師守護霊　アッラー・アクバル。アッラーは偉大《いだい》なり。アッラーは偉大なり。

大川紫央　今、「アッラーのもとにいらっしゃった」という認識があるなら……。

ハメネイ師守護霊　アッラーはエル・カンターレなり。

大川紫央　おお。

ハメネイ師守護霊　アッラー・アクバル。エル・カンターレは偉大なり。フゥー（息を吐《は》く）。

大川紫央　エル・カンターレは、今、地上に下生《げしょう》してくださっていまして、近くで見ている者たちのなかには、やはり、見すぎると、地上の人間に見えてしまう人たちもいるんですけれども、ハメネイ師守護霊様にとって、エル・カンターレとはどういうご存在ですか。

ハメネイ師守護霊　「すべて」です。

大川紫央　すべて。

ハメネイ師守護霊　ええ。私たちを生かすも殺すも、すべて主の御心《みこころ》のままです。私たちが生かされているのは、主が、われわれを、私たちを、愛してくださっているからです。主が、私たちを地球上の有害生物と思えば、私たちはたちまちのうちに滅《ほろ》んでいくでしょう。

ええ。主を信じます。

唯一《ゆいいつ》の最高神エル・カンターレは、すべてのすべて

大川紫央　イスラムの指導者の方として、私のほうから少し教えを乞《こ》いたいのです

けれども、日本にも八百万《やおよろず》の神々もいらっしゃいますし、世界には多神教の国もたくさんございます。そのなかで、エル・カンターレはどういう存在になると思われますか。

ハメネイ師守護霊　もう、すべてのすべてです。頂点だと思います。神々の長《ちょう》です。神がほかにもいることは知っていますよ。国別、民族別に神はいるから。すべてを邪悪《じゃあく》とは思いませんよ。

ただ、エル・カンターレはすべてのすべてで、唯一《ゆいいつ》の最高神だと思っていますから。すべての国をまとめていると、私は信じています。だから、私たちのアッラーの信仰《しんこう》は、究極の神に通じているものだと信じています。

大川紫央　ああ。

ハメネイ師守護霊　その途中《とちゅう》に民族神はたくさんいるとは思っていますけど。ただ、それで止まっている人たちは悲しい。だから、私たちは「究極の神」に結びつけたい。

キリスト教でも物足りないのは、イエスが、「主」とか「主なる神」とは言ってるけど、誰《だれ》だか分かっていないところに、悟《さと》りの不足があると思っている。

われらはそれを「アッラー」と呼んで、直接つながっているつもりでおります。

ヤハウェはユダヤの妬《ねた》む神で、全智全能《ぜんちぜんのう》の最高神のはずがない

ハメネイ師守護霊　それから、ユダヤの神の、「ヤハウェ」と言ったり「エホバ」と言ったり、いろいろ言っているけれども、これらは「ユダヤ人だけを護《まも》る」と言ったりしている、神としては。

で、「われは妬《ねた》む者なり」と、「われは嫉《そね》む者なり」と。最近、「情熱の神」とか訳しかけたりしているようだけども、そんなの、ユダヤ人だけを愛して、ほかの民

族は妬むような神っていうのが全智全能《ぜんちぜんのう》の最高神のはずがないから。このユダヤ人が主として信じているものは、彼らの民族神であって、全智全能の神ではない。ただ、ユダヤ教のなかにも、エル・カンターレ、エローヒムの教えも一部入っているものだと思うので、彼らを改心《かいしん》させて、「われらのアッラーの神と同じものを、あなたがたも一部持っているから、そちらのほうに心を向けよ」と言いたいんです。

大川紫央　なるほど。

ハメネイ師守護霊　そういうことです。

最高神を敬《うやま》っているのがイスラム教

大川紫央　では、やはり、イスラム教の方々にとっての誇《ほこ》りというのは、「民族神を超《こ》えた主なる神に続く宗教である」というところであると。

ハメネイ師守護霊　最高神をきちっとゲットして敬《うやま》っているのはイスラム教であって、それが最高だと思って、国中の全員がそれを敬っているから。

それを、もし、アメリカの大統領とかが全体主義みたいに思ってるとしたら、間《ま》違《ちが》いです。

大川紫央　うーん。

ハメネイ師守護霊　「全体主義」に、そうした〝祈《いの》る対象〟があるとすれば、せいぜい「悪魔《あくま》」であって、悪魔はそれがある。要するに、悪魔は、自分の目的を果たすために、国民を手段、道具として使って、戦争でいっぱい殺したりするのを楽しんでいる。あるいは、他民族を殺戮《さつりく》するのも楽しんでいる。それは「悪魔の全体主義」です。

「われわれは人権《じんけん》より神権《しんけん》を大切にし、神は人類をあまねく愛す」

ハメネイ師守護霊　しかし、唯一神を信仰している、一見全体主義に見えるわれわれは、実はそうではなくて。

民主主義っていうのは、人権《じんけん》を中心にした多様な価値観を、神の心として多数決で推定しようとするのが民主主義。

しかし、われらのような唯一神信仰を持っている者にとっては、「人権」よりも「神権《しんけん》」のほうが上であって、「神様の権利」というのがある。その代わり、神様は、「人類をあまねく愛し、慈悲《じひ》をあまねく降ろす」という、そういう役割を持っておられる。

そういうふうに両者がお互《たが》いに支え合っている関係になってるわけで。こういう、神のあまねき慈悲を伝えている〝宗教の全体主義〟などは、民主主義を超えた組織であって、「人々を護り、間違った方向に行かせないための教えが、政治原理のなかにまで入り込《こ》んでいるんだ」ということですね。

だから、一部、近代化原理のなかに、工業、商業、サービス業等で、もっと進んだものが必要になってきているのが現代であるから、これは、まだ、「西洋型の科学的進歩を受け入れなきゃいけない面もある」とは思っているが、「それは、寸分《すんぶん》も、われわれの信仰を失わせるものであってはならない」と思っているので。

「悪魔《あくま》の全体主義」と「神を信仰《しんこう》する宗教」の違《ちが》いとは

ハメネイ師守護霊　われわれの求めているのは「神権」であって、「神権が認める範囲《はんい》内の人権」が存在している。

だから、悪魔《あくま》が、道具として人々を使って、破滅《はめつ》させようとして、悪の目的のために人を動員するのとは違《ちが》っている。われらは、あくまでも、「信仰《しんこう》を中心に生活している」ということで、これが理想のあり方であるというふうに思っている。

「エル・カンターレは地球神だと知るべきだ」

大川紫央　今、エル・カンターレは下生され、肉体を持ちながら教えてくださっているので、いろいろと厳しいところもあるのですけれども。

あとは、その神格を持っているような方々であっても、一緒《いっしょ》に地上に降りると、みな、「主と自分はそれほど遠くなく、同格ぐらいなのではないか」という、一種の〝引き下げ圧力〟になるようなところもあるのですが、エル・カンターレに対して何かお言葉はありますか。

ハメネイ師守護霊　同じく人間として生きて、ご飯《はん》を食べ、生活をして、あるいは、仕事はビジネス風にやったりしているので、そういうふうに見える面はあるんだろうとは思うし、エル・カンターレといえども、地上にあれば、そういうビジネスや金融《きんゆう》の論理から逃《のが》れられないものはあるけれども、「心はどこにあるか」ということが大事なところです。

われわれイスラムのほうで神格を持っている者たちが、弟子《でし》として帰依《きえ》している存在は、あなたがた日本のなかにいる民族神たちに帰依したりはしませんから。そのへんを間違わないでいただきたい。

「(エル・カンターレは) 地球神なのだということを知るべきだ」ということですよ。その使命を持って生まれていらっしゃるのです。

大川紫央　そうなんですよね。心は見えないですからね。

ハメネイ師守護霊　安倍《あべ》さんでは調停《ちょうてい》されません。

大川紫央　はい。

ハメネイ師守護霊　われわれ、エル・カンターレになら調停はできますが、安倍さんでは調停できません。だって、理解してないから。私たちの気持ちを。

大川紫央　それに、「今、主なる神が地球のなかに存在する」ということが、宗教紛争《ふんそう》も含《ふく》めてすべてを解決し、誰もが納得《なっとく》する答えでもありますものね。

ユダヤ教徒の大部分は民族神ヤハウェを信じ、至高神への尊崇《そんすう》は薄《うす》い

ハメネイ師守護霊　トランプさんについても、娘夫婦《むすめふうふ》がユダヤ教だということで、まあ、公約もあったんだろうけれども、アメリカ大使館をいきなりエルサレムに移したりして、われわれを刺激《しげき》、圧迫《あっぱく》し始めましたですけどね。

先ほど言ったように、ユダヤ教徒の大部分は、民族神としてのヤハウェを尊崇《そんすう》しているんであって、本来の至高神への尊崇は薄《うす》い。とても薄い。一部しかないんでね。

だから、そういうものを中心に、有利にしようとして計《はか》らっているけれども、それは公私混同であって、「真なる神を戴《いただ》いた政治」としては不十分だと思っているし、イスラム教徒たちの大部分についても「悪魔の教え」と思っているから、「早く地上から消したい」と思っていると思う。

大川紫央　うーん。

ハメネイ師守護霊　本当は、空母から攻撃《こうげき》をかけても、いささかも良心は痛まないと思っていると思うよ。イラクだって、あそこを全部、あれだけ国ごと潰《つぶ》したのに、あれをキリスト教に改宗させられないのが残念でしょう。

日本だって、空襲《くうしゅう》をかけて焼け野原にしたのに、キリスト教はまったく増えない。これ、まったく理解不能なんです。「負けたなら、部族宗教を捨ててキリスト教に変えろ」と言いたいところなのに、そうはならない。

なぜかというと、「根本神《こんぽんしん》につながる信仰がある」からですよ。

大川紫央　はい。

キリスト教の信仰《しんこう》上の限界を指摘《してき》する

ハメネイ師守護霊　だから、キリスト教で超えられないものがまだある。キリスト教で超えられないものは……。（今のキリスト教は）もう、「イエスそのもの」を「神」とほとんど一体化して信仰《しんこう》しているでしょう?

大川紫央　後世《こうせい》、分からなくなってますね。

ハメネイ師守護霊　「主なる神がイエスになってしまっている」ところがあったり、「イエス以上に聖母マリアが偉《えら》くなったりするようなところ」だってあるでしょう？　間違いがありますね。

大川紫央　うーん。

ハメネイ師守護霊　「神」と、「神の僕《しもべ》であるイエス」との区別もつかなくなっている。「一体だ」と思っているでしょう？　違うよ。一体じゃない。

大川紫央　はい。なるほど。

ハメネイ師守護霊　だから、「われわれのイスラム教のほうが、それは優《すぐ》れている」と言っているわけで。ムハンマドは霊言《れいげん》型宗教で、神の霊言を受けて『コーラン』をつくったが、イエスはそこまではできていない。

今、それができるのはあなたがた幸福の科学ぐらいしかないので。神の「現代の教え」を聴《き》いてみたいです。どうぞ、イスラム圏《けん》にも（教えや霊言を）出してください。お願いします。

大川紫央　分かりました。イスラム教の方のお考えをより深く聴くことができて、ありがとうございます。

ハメネイ師守護霊　だから、「日本の民族神的な者たちがエル・カンターレを敬わない」というのであれば、われわれはそれを許すことができないので。

大川紫央　はい。

安倍《あべ》首相はアメリカの代言者《だいげんしゃ》で、哲学《てつがく》なしに簡単に乗りすぎる

ハメネイ師守護霊　それから、タンカー事件のことで、たぶん、アメリカが何か理

由をつけて攻撃してこようと、制裁？　あれに対しては同じぐらい、何発か撃《う》ち込んでくるぐらいのことをしたがると思います。

まあ、私が命令したわけじゃないけれども、安倍さんとの会談中にやったということは、〝嫌《いや》がっている者がいる〟ということだろうと思います。

大川紫央　うーん、なるほど。

ハメネイ師守護霊　まあ、「帰れ」ということだと思うんです。

大川紫央　うーん。

ハメネイ師守護霊　だから、「アメリカの代言者《だいげんしゃ》、代言人が来て、何をするか」と。

昔、日本と友好な取引をしていたといっても、今、石油が止まってますからね。

そういうのを、安倍さんは哲学《てつがく》なしに簡単に乗りすぎるところがあるので。だから、アメリカと付き合ってもいいけども、日本としての主体性がなければいけないと思うよ。うん。

大川紫央　分かりました。

香港《ホンコン》は見劣《みお》りするキリスト教精神だが、中国本体よりまだまし

ハメネイ師守護霊　香港《ホンコン》については、国が違うから言いにくいけれども、われわれから見れば見劣《みお》りするキリスト教精神でも、「中国本体よりはまだましだ」ということなんではないかと思うけどね。うーん。いずれ、「新しいアッラーの教え」でまとめていただくことが大事だと思います。

大川紫央　はい。分かりました。

ありがとうございました。

ハメネイ師守護霊　はい。

あとがき

神の正義の樹立《じゅりつ》は、この地上に生きるすべての者たちに求められる尊《とうと》い使命である。

真の信仰に目覚《めざ》める時は「今」である。

決して「志《こころざし》」を崩さず、あらゆる誘惑《ゆうわく》や執着《しゅうちゃく》に打ち克《か》って、「されど不惜身命《ふしゃくしんみょう》！」と叫ぼう。

もう、その時は来たのだ。

二〇一九年　六月十六日

主《しゅ》エル・カンターレ　大川隆法《おおかわりゅうほう》

『日本の使命』関連書籍

『太陽の法』（大川隆法 著　幸福の科学出版刊）
『信仰の法』（同右）
『愛は憎しみを超えて』（同右）
『中国民主化運動の旗手 劉暁波の霊言』（同右）
『「日露平和条約」を決断せよ
　――メドベージェフ首相＆プーチン大統領 守護霊メッセージ――』（同右）
『国家社会主義とは何か――公開霊言　ヒトラー・菅直人守護霊・
　胡錦濤守護霊・仙谷由人守護霊――』（同右）
『公開霊言　ギリシャ・エジプトの古代神
　オフェアリス神の教えとは何か』（同右）
『メタトロンの霊言』（同右）

『ＵＦＯリーディングⅠ』（同右）
『天御祖神の降臨』（同右）
『天照大神の「信仰継承」霊言』（同右）
※左記は書店では取り扱っておりません。最寄りの精舎・支部・拠点までお問い合わせください。
『第一イザヤ、第二イザヤの謎を解く』（大川隆法 著　宗教法人幸福の科学刊）
『大川隆法政治講演集２００９ 第４巻 志を崩さない』（大川隆法 著　幸福実現党刊）

日本《にほん》の使命《しめい》

――「正義」を世界に発信できる国家へ――

2019年6月18日　初版第1刷
2019年7月5日　第2刷

著　者　大《おお》川《かわ》隆《りゅう》法《ほう》

発行所　幸福の科学出版株式会社

〒107-0052 東京都港区赤坂2丁目10番14号
TEL(03)5573-7700
https://www.irhpress.co.jp/

印刷・製本　株式会社 研文社

落丁・乱丁本はおとりかえいたします

ISBN978-4-8233-0091-2 C0030

帯 AA/時事通信, Penta Press/時事通信フォト, 時事, EPA =時事
p.78 時事／ p.136, p.182 AFP =時事
装丁・イラスト・写真（上記・パブリックドメインを除く）©幸福の科学

大川隆法シリーズ・**最新刊**

「日露平和条約」を決断せよ

メドベージェフ首相＆プーチン大統領 守護霊メッセージ

「北朝鮮・中国の核兵器を無力化できる」。ロシアの2トップが、失敗続きの安倍外交に最終提案。終結していない戦後の日露、今がラストチャンス！

1,400円

君たちの民主主義は間違っていないか。

幸福実現党 立党10周年・令和元年記念対談

大川隆法　釈量子　共著

日本の民主主義は55点!? 消費増税のすり替え、大義なきバラマキ、空気に支配される国防政策など、岐路に立つ国政に斬り込むエキサイティングな対談！

1,500円

旧民主党政権の「陰の総理」仙谷由人の霊言

旧民主党政権が国難を招いてしまった真因に迫る。親中路線の誤算、震災の被害増大、中国漁船衝突事件など、仙谷由人氏が赤裸々に語る、死後九日目の霊言。

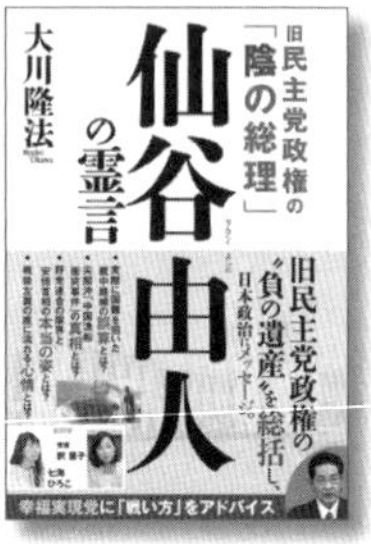

1,400円

新上皇と新皇后のスピリチュアルメッセージ

皇室の本質と未来への選択

令和初日5月1日に特別収録された、明仁上皇と雅子皇后の守護霊霊言。生前退位の真意、皇位継承、皇室改革、皇室外交など、そのご本心が明らかに。

1,400円

※表示価格は本体価格（税別）です。

大川隆法ベストセラーズ・この国の中心柱となる

自由・民主・信仰の世界

日本と世界の未来ビジョン

国民が幸福であり続けるために──。未来を拓くための必須の視点から、日米台の関係強化や北朝鮮問題、日露平和条約などについて、正論を説いた啓蒙の一冊！

1,500円

夢は尽きない

幸福実現党 立党10周年記念対談

大川隆法　釈量子　共著

日本の政治に、シンプルな答えを──。笑いと熱意溢れる対談で、働き方改革や消費増税などの問題点を一刀両断。幸福実現党の戦いは、これからが本番だ！

1,500円

幸福実現党宣言

この国の未来をデザインする

政治と宗教の真なる関係、「日本国憲法」を改正すべき理由など、日本が世界を牽引するために必要な、国家運営のあるべき姿を指し示す。

1,600円

一喝！ 吉田松陰の霊言

21世紀の志士たちへ

明治維新の原動力となった情熱、気迫、激誠の姿がここに！ 指導者の心構えを説くとともに、本物の革命家とは何かが示される。

1,200円

幸福の科学出版

大川隆法ベストセラーズ・中東問題・宗教対立の本質

救世の法

信仰と未来社会

信仰を持つことの功徳や、民族・宗教対立を終わらせる考え方など、人類への希望が示される。地球神の説くほんとうの「救い」とは──。

1,800 円

ムハンマドよ、パリは燃えているか。

──表現の自由 VS. イスラム的信仰──

「パリ新聞社襲撃テロ事件」の発端となった風刺画は、「表現の自由」か"悪魔の自由"か？ 天上界のムハンマドがキリスト教圏に徹底反論。

1,400 円

イラク戦争は正しかったか

サダム・フセインの死後を霊査する

全世界衝撃の公開霊言。「大量破壊兵器は存在した！」「9.11はフセインが計画し、ビン・ラディンが実行した！」──。驚愕の事実が明らかに。

1,400 円

イラン大統領 vs. イスラエル首相

中東の核戦争は回避できるのか

世界が注視するイランとイスラエルの対立。それぞれのトップの守護霊が、緊迫する中東問題の核心を赤裸々に語る。【幸福実現党刊】

1,400 円

※表示価格は本体価格（税別）です。

大川隆法 ベストセラーズ・中国を民主化せよ

愛は憎しみを超えて

中国を民主化させる日本と台湾の使命

中国に台湾の民主主義を広げよ──。この「中台問題」の正論が、第三次世界大戦の勃発をくい止める。台湾と名古屋での講演を収録した著者渾身の一冊。

1,500円

Love for the Future

未来への愛

英語説法
英日対訳

過去の呪縛からドイツを解き放ち、中国の野望と第三次世界大戦を阻止するために──。ドイツ・ベルリンで開催された講演を、英日対訳で書籍化！

1,500円

中国 虚像の大国

商鞅・韓非・毛沢東・林彪の霊言

世界支配を目論む習近平氏が利用する「法家思想」と「毛沢東の権威」。その功罪と正体を明らかにし、闇に覆われた中国共産主義の悪を打ち砕く一書。

1,400円

中国民主化運動の旗手 劉暁《りゅうぎょう》波《は》の霊言

自由への革命、その火は消えず

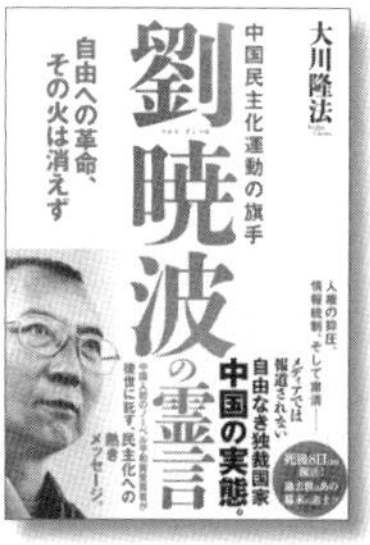

中国人初のノーベル平和賞受賞者が、死後８日目に復活メッセージ。天安門事件の人権弾圧に立ち会った劉氏が後世に託す、中国民主化への熱き思いとは。

1,400円

大川隆法ベストセラーズ・エル・カンターレとは

信仰の法
地球神エル・カンターレとは

さまざまな民族や宗教の違いを超えて、地球をひとつに──。文明の重大な岐路に立つ人類へ、「地球神」からのメッセージ。

2,000円

公開霊言
超古代文明ムーの大王
ラ・ムーの本心

1万7千年前、太平洋上に存在したムー大陸。神秘と科学が融合した、その文明の全貌が明かされる。神智学では知りえない驚愕の事実とは。

1,400円

公開霊言　ギリシャ・エジプトの古代神
オフェアリス神の教えとは何か

全智全能の神・オフェアリス神の姿がついに明らかに。復活神話の真相や信仰と魔法の関係など、現代人が失った神秘の力を呼び覚ます奇跡のメッセージ。

1,400円

公開霊言　古代インカの王
リエント・アール・クラウドの本心

7千年前の古代インカは、アトランティスの末裔が築いた文明だった。当時の王、リエント・アール・クラウドが、宇宙の神秘と現代文明の危機を語る。

1,400円

※表示価格は本体価格(税別)です。

世界から希望が消えたなら。
製作総指揮・原案／大川隆法
竹内久顕　千眼美子　さとう珠緒　芦川よしみ　石橋保　木下渓
監督／赤羽博　音楽／水澤有一　脚本／大川咲也加　製作／幸福の科学出版　製作協力／ARI Production　ニュースター・プロダクション
制作プロダクション／ジャンゴフィルム　配給／日活　配給協力／東京テアトル　©2019 IRH Press
10.18 ROADSHOW

幸福の科学グループのご案内

宗教、教育、政治、出版などの活動を通じて、地球的ユートピアの実現を目指しています。

幸福の科学

一九八六年に立宗。信仰の対象は、地球系霊団の最高大霊、主エル・カンターレ。世界百カ国以上の国々に信者を持ち、全人類救済という尊い使命のもと、信者は、「愛」と「悟り」と「ユートピア建設」の教えの実践、伝道に励んでいます。

（二〇一九年六月現在）

愛

幸福の科学の「愛」とは、与える愛です。これは、仏教の慈悲《じひ》や布施《ふせ》の精神と同じことです。信者は、仏法真理をお伝えすることを通して、多くの方に幸福な人生を送っていただくための活動に励んでいます。

悟り

「悟り」とは、自らが仏の子であることを知るということです。教学《きょうがく》や精神統一によって心を磨き、智慧《ちえ》を得て悩みを解決すると共に、天使・菩薩《ぼさつ》の境地を目指し、より多くの人を救える力を身につけていきます。

ユートピア建設

私たち人間は、地上に理想世界を建設するという尊い使命を持って生まれてきています。社会の悪を押しとどめ、善を推し進めるために、信者はさまざまな活動に積極的に参加しています。

国内外の世界で貧困や災害、心の病で苦しんでいる人々に対しては、現地メンバーや支援団体と連携して、物心両面にわたり、あらゆる手段で手を差し伸べています。

年間約２万人の自殺者を減らすため、全国各地で街頭キャンペーンを展開しています。

公式サイト **www.withyou-hs.net**

ヘレン・ケラーを理想として活動する、ハンディキャップを持つ方とボランティアの会です。視聴覚障害者、肢体不自由な方々に仏法真理を学んでいただくための、さまざまなサポートをしています。

公式サイト **www.helen-hs.net**

入会のご案内

幸福の科学では、大川隆法総裁が説く仏法真理《ぶっぽうしんり》をもとに、「どうすれば幸福になれるのか、また、他の人を幸福にできるのか」を学び、実践しています。

入会

仏法真理を学んでみたい方へ

大川隆法総裁の教えを信じ、学ぼうとする方なら、どなたでも入会できます。入会された方には、『入会版「正心法語《しょうしんほうご》」』が授与されます。

ネット入会 入会ご希望の方はネットからも入会できます。
happy-science.jp/joinus

三帰《さんき》誓願《せいがん》

信仰をさらに深めたい方へ

仏弟子としてさらに信仰を深めたい方は、仏《ぶっ》・法《ぽう》・僧《そう》の三宝《さんぽう》への帰依を誓う「三帰誓願式」を受けることができます。三帰誓願者には、『仏説・正心法語』『祈願文《きがんもん》①』『祈願文②』『エル・カンターレへの祈り』が授与されます。

幸福の科学 サービスセンター
TEL 03-5793-1727
（受付時間／火～金：10～20時 土・日祝：10～18時（月曜を除く））

幸福の科学 公式サイト
happy-science.jp

仏法真理塾「サクセスNo.1」

全国に本校・拠点・支部校を展開する、幸福の科学による信仰教育の機関です。小学生・中学生・高校生を対象に、信仰教育・徳育にウエイトを置きつつ、将来、社会人として活躍するための学力養成にも力を注いでいます。

TEL 03-5750-0747（東京本校）

エンゼルプランV　TEL 03-5750-0757
幼少時からの心の教育を大切にして、信仰をベースにした幼児教育を行っています。

不登校児支援スクール「ネバー・マインド」　TEL 03-5750-1741
心の面からのアプローチを重視して、不登校の子供たちを支援しています。

ユー・アー・エンゼル！（あなたは天使！）運動
一般社団法人 ユー・アー・エンゼル　TEL 03-6426-7797
障害児の不安や悩みに取り組み、ご両親を励まし、勇気づける、
障害児支援のボランティア運動を展開しています。

NPO活動支援

学校からのいじめ追放を目指し、さまざまな社会提言をしています。また、各地でのシンポジウムや学校への啓発ポスター掲示等に取り組む一般財団法人「いじめから子供を守ろうネットワーク」を支援しています。

公式サイト mamoro.org　ブログ blog.mamoro.org
相談窓口 TEL.03-5544-8989

百歳まで生きる会

「百歳まで生きる会」は、生涯現役人生を掲げ、友達づくり、生きがいづくりをめざしている幸福の科学のシニア信者の集まりです。

シニア・プラン21

生涯反省で人生を再生・新生し、希望に満ちた生涯現役人生を生きる仏法真理道場です。定期的に開催される研修には、年齢を問わず、多くの方が参加しています。全国186カ所、海外13カ所で開校中。

【東京校】TEL 03-6384-0778　FAX 03-6384-0779
メール senior-plan@kofuku-no-kagaku.or.jp

幸福実現党

内憂外患《ないゆうがいかん》の国難に立ち向かうべく、2009年5月に幸福実現党を立党しました。創立者である大川隆法党総裁の精神的指導のもと、宗教だけでは解決できない問題に取り組み、幸福を具体化するための力になっています。

幸福実現党 釈量子サイト **shaku-ryoko.net**
Twitter **釈量子@shakuryokoで検索**

党の機関紙
「幸福実現NEWS」

幸福実現党　党員募集中

あなたも幸福を実現する政治に参画しませんか。

○ 幸福実現党の理念と綱領、政策に賛同する18歳以上の方なら、どなたでも参加いただけます。
○ 党費:正党員（年額5千円［学生 年額2千円］)、特別党員（年額10万円以上)、家族党員（年額2千円）
○ 党員資格は党費を入金された日から1年間です。
○ 正党員、特別党員の皆様には機関紙「幸福実現NEWS(党員版)」(不定期発行）が送付されます。

＊申込書は、下記、幸福実現党公式サイトでダウンロードできます。
住所:〒107-0052 東京都港区赤坂2-10-8 6階 幸福実現党本部
TEL **03-6441-0754** FAX **03-6441-0764**
公式サイト **hr-party.jp**

幸福の科学出版

大川隆法総裁の仏法真理の書を中心に、ビジネス、自己啓発、小説など、さまざまなジャンルの書籍・雑誌を出版しています。他にも、映画事業、文学・学術発展のための振興事業、テレビ・ラジオ番組の提供など、幸福の科学文化を広げる事業を行っています。

アー・ユー・ハッピー？
are-you-happy.com

ザ・リバティ
the-liberty.com

幸福の科学出版
TEL **03-5573-7700**
公式サイト **irhpress.co.jp**

THE FACT

ザ・ファクト
マスコミが報道しない「事実」を世界に伝えるネット・オピニオン番組

ザ・ファクト 検索

NEW STAR PRODUCTION

ニュースター・プロダクション

「新時代の美」を創造する芸能プロダクションです。多くの方々に良き感化を与えられるような魅力あふれるタレントを世に送り出すべく、日々、活動しています。 公式サイト **newstarpro.co.jp**

ARI Production

ARI《アリ》 Production《プロダクション》

タレント一人ひとりの個性や魅力を引き出し、「新時代を創造するエンターテインメント」をコンセプトに、世の中に精神的価値のある作品を提供していく芸能プロダクションです。 公式サイト **aripro.co.jp**

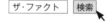

大川隆法　講演会のご案内

大川隆法総裁の講演会が全国各地で開催されています。講演のなかでは、毎回、「世界教師」としての立場から、幸福な人生を生きるための心の教えをはじめ、世界各地で起きている宗教対立、紛争、国際政治や経済といった時事問題に対する指針など、日本と世界がさらなる繁栄の未来を実現するための道筋が示されています。

2019年5月14日 幕張メッセ「自由・民主・信仰の世界」

2019年3月3日 グランド ハイアット 台北（台湾）「愛は憎しみを超えて」

2017年8月2日 東京ドーム「人類の選択」

2018年10月7日 ザ・リッツカールトン ベルリン（ドイツ）「Love for the Future」

2019年1月26日 広島県立文化芸術ホール「未来への希望」

講演会には、どなたでもご参加いただけます。
最新の講演会の開催情報はこちらへ。 ⟹ 大川隆法総裁公式サイト https://ryuho-okawa.org